*Cezar Said • Sylvia Said*

*Catanduva, SP • 2024*

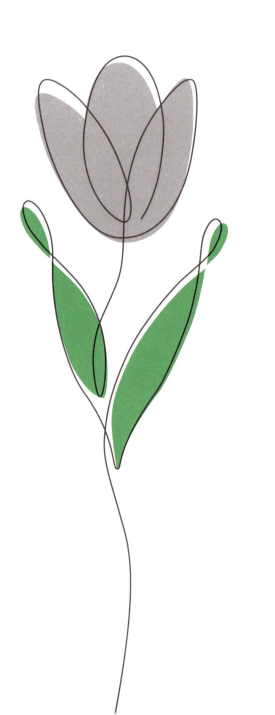

*O Espírito deve ser cultivado assim como a terra, toda a riqueza futura depende do trabalho presente, e mais do que os bens terrestres ele vos dará a gloriosa evolução.*

**LÁZARO [PARIS, 1862]**

*O Evangelho segundo o espiritismo*. Allan Kardec.

Rio de Janeiro: CELD, 2000.

[cap. XI, item 8 – A lei de amor]

# Sumário

### Prefácio
# Cultive-se
**14**

### Capítulo 1
# Dizer não!
**18**

### Capítulo 2
# Chorar é humano
**24**

### Capítulo 3
# Corrupto
**30**

### Capítulo 4
# Adultizar-se
**36**

### Capítulo 5
# Reino interno
**42**

### Capítulo 6
# Por onde anda o seu riso?
**48**

### Capítulo 7
# Pessoas tóxicas
**54**

### Capítulo 8
# Quais são os seus frutos?
**60**

### Capítulo 9
# A outra face
**66**

### Capítulo 10
# O julgar incessante
**74**

### Capítulo 11
# Celebração
**80**

### Capítulo 12
## Você consegue silenciar?
88

### Capítulo 13
## Criança
94

### Capítulo 14
## O que há de melhor em você?
100

### Capítulo 15
## Você se sabota?
106

### Capítulo 16
## Perdoar
112

### Capítulo 17
## Nossas cruzes pessoais
118

### Capítulo 18
## Sobre o vigiar
124

### Capítulo 19
## Você já morreu?
132

### Capítulo 20
## Você se culpa?
138

### Capítulo 21
## Você tem problemas?
144

### Capítulo 22
## Calma
150

### Capítulo 23
## Pensamentos
156

### Capítulo 24
## Você anda distraído?
162

### Capítulo 25
## Abertura
168

### Capítulo 26
## Vazios
174

### Capítulo 27
## Repouso
180

### Capítulo 28
## Você é humilde?
186

### Capítulo 29
## Frestas
192

### Capítulo 30
## Consciência
198

### Capítulo 31
## O tempo
204

### Capítulo 32
## Você já se converteu?
210

### Capítulo 33
## Separações
216

### Capítulo 34
## Olhos de girassóis
222

### Capítulo 35
## Aceitação
228

*Prefácio*
# Cultive-se

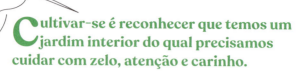

**Cultivar-se é reconhecer que temos um jardim interior do qual precisamos cuidar com zelo, atenção e carinho.**

Esse jardim é o nosso reino interno e divino, cujos cuidados entregamos, ao longo de nossas vidas, a diferentes líderes espirituais, terceirizando um cultivo que é intransferível.

Estamos, agora, aprendendo essa arte delicada e bela que, no fundo, é uma atitude de autoamor; sem essa atitude, não temos como amar os que nos cercam.

Para sermos hábeis nessa arte, evitemos nos comparar com os outros jardineiros, ainda que possamos aprender algo com eles. O cultivo é algo genuíno, que precisa ser do nosso jeito, no tempo e no ritmo que cada um de nós pode e consegue ser.

Esperamos que você goste de ler e de realizar as atividades que propomos a cada capítulo.

Este é um livro interativo que preparamos com muito carinho para que a leitura traga estímulos e recursos ao seu processo de autoconhecimento, autoaceitação e autoamor, que são processos de cultivo de si.

Um abraço afetuoso,

**Cezar e Sylvia**

## Capítulo 1
# Dizer não!

*Seja, o vosso sim, sim e o vosso não, não [...]*
**MATEUS, 5:37**

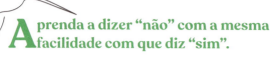

**Aprenda a dizer "não" com a mesma facilidade com que diz "sim".**

Há quem passe toda a vida dizendo "sim" para os outros e "não" para si.

Quando não aprendemos a dizer "não" na hora certa, do modo correto e para a pessoa que precisa ouvir uma negativa de nós, mais possibilidades há de nos agredirmos, adoecermos e nos deixarmos manipular.

Não há pecado em negar, em recusar e em não aceitar algo que não queremos, algo para o qual não tenhamos vontade ou disponibilidade, especialmente se já tivermos dito "sim" inúmeras vezes em circunstâncias parecidas a uma mesma pessoa.

Caso a pessoa se magoe com a nossa recusa, ainda que apanhada de surpresa estará desmemoriada, pois terá deletado de sua mente todas as vezes que cedemos e procuramos atendê-la.

É preciso que, cada vez mais, o nosso "sim" para o outro seja um "sim" para nós mesmos, sem que tenhamos de atropelar a nossa individualidade ou castrar os nossos desejos e valores e a nossa alegria de viver.

É claro que podemos usar ambas as expressões com o equilíbrio que elas requisitam, como na educação de uma criança, em que é essencial dosar "sins" e "nãos" a fim de prepará-la para a vida da melhor forma possível.

Podemos encontrar pessoas que prezam dizer "não" e que raramente dizem "sim", orgulhando-se de assim procederem. É possível que elas precisem exercitar mais o "sim" da cortesia, da delicadeza, da suavidade e da flexibilidade, pois podem igualmente estar cristalizadas em um extremismo prejudicial a elas mesmas.

O "não" pode ser libertador quando nos sentimos cansados, explorados, calados e coagidos.

Dizer "sim" para tudo e para todos pode ser a expressão de culpas ou carências, levando-nos a uma visão distorcida do que seja amar, conviver e ajudar. E, ao viver assim, entramos em um círculo vicioso em que mais anuência só reforça mais culpa e carência.

Pare de querer agradar a todos! Essa é uma tarefa impossível e inalcançável, inumana e fomentadora de maiores neuroses.

O momento é de se amar sem egoísmo, de se querer bem, de se cultivar, respeitando limites internos e ajudando o outro a pensar no quanto ele pode estar dependente e precisando de um "chega para lá" para andar com as próprias pernas, voar com as próprias asas e pensar com a própria cabeça.

**Exercite o "não" e, mesmo que sinta um certo desconforto inicial, o que é natural, fique em paz, viva em paz, sendo ainda mais livre e feliz.**

**Você precisa, você merece!**

20 · 21

# Cultivo 1

Você se identifica com algum trecho do texto?

Acha que tem dificuldade em dizer "não" tanto quanto gostaria?

Pense se há algo bem simples que você pode fazer por si mesmo, mas que nunca ou quase nunca faz. Pode ser um agrado singelo possível no cotidiano e para o qual você costuma dizer "não", sempre o deixando para depois. Algo como demorar um pouco mais no banho, assistir à tevê deitado no sofá, preparar algo que você ame para comer, ir ao cinema sozinho, organizar fotografias antigas. Você pode anotar a atividade e, com isso, firmar o gentil compromisso de se dizer esse "sim" em breve.

Respire fundo e procure notar, honestamente, se é possível fazer o que deseja agora ou ainda hoje.

Se sim, aproveite a oportunidade! Se não, sugerimos a você que se proponha a fazer o que deseja nos próximos dias. E assim que for capaz de dizer esse "sim" para você mesmo, registre aqui:

☐ **FEITO!**

Habituar-se a dizer "sim" para si mesmo em atitudes triviais e simples como essa pode abrir preciosos espaços para que consiga dizer alguns "nãos" que serão verdadeiros "sins" à sua paz interior. Que tal se acostumar com isso?

## Capítulo 2
# Chorar é humano

*Jesus chorou.*
**JOÃO, 11:35**

**D**isse uma criança que "chorar é chover pelos olhos".

Falando nisso, há quanto tempo você não chora? Por qualquer razão que seja?

Chorar de rir...

Chorar de tristeza, porque é natural ficar triste de vez em quando...

Chorar de saudade...

Chorar por amor...

Chorar por inconformação...

Chorar por sentir um vazio...

Chorar orando, pedindo forças para não sucumbir diante dos problemas e desafios que a vida impõe...

Chorar ouvindo música, lendo poesia, conversando e abraçando uma pessoa querida...

Chorar de gratidão por todas as dádivas recebidas...

Chorar em silêncio, ouvindo a melodia das próprias lágrimas...

Chorar apenas por chorar...

Há quanto tempo?

Não é saudável conter o pranto do mesmo modo que não devemos interromper um rio que busca o mar.

Chorar alivia, faz desaguar no oceano da vida as tristezas e dores acumuladas, e torna mais leve o fardo pesado que carregamos.

Jesus chorou algumas vezes e o fez em público também, como a lecionar que o pranto sincero é legítimo, uma expressão humana decorrente da sensibilidade e da fragilidade de que somos portadores.

Chore. Apenas tenha cuidado para não se afogar nas próprias lágrimas, desesperando-se e fazendo disso um hábito recorrente.

E, depois que tiver chorado o suficiente, enxugue os olhos, levante a cabeça e estampe um sorriso no rosto, mesmo que seja um sorriso tímido feito um sol coberto por nuvens. E guarde a certeza de que na vida tudo passa: tristezas e alegrias, escassez e fartura, frio e calor, dores e prazeres, em uma impermanência sem fim.

Portanto, quando as lágrimas forem o retrato vivo de uma tempestade pela qual esteja passando, sem que tenha conscientemente "semeado ventos", mantenha a certeza de que uma nova aurora se anuncia, convidando-o a recomeçar, tentar mais uma vez e com maior maturidade.

**Chore, sim, pois chorar nos faz humanos. Temos que aprender a transformar lágrimas em energia de crescimento e mudança para que elas representem o regar das sementes de um novo tempo; sementes que sempre estiveram dentro de nós, no solo do nosso coração, aguardando o instante certo para germinar.**

*Cultivo 2*

O texto sugere que, na condição de seres humanos que somos, chorar é algo natural e pode emanar a partir de uma variedade de emoções e sentimentos.

Você tem feito contato com as suas emoções? Tem familiaridade com elas a ponto de reconhecer quais sensações elas despertam no corpo e quais tipos de pensamentos e comportamentos elas costumam desencadear?

Leia a lista de sensações e percepções a seguir e veja se é possível associá-las a uma ou mais emoções que estão nos boxes. Caso você identifique uma associação, trace uma linha ligando a sensação ou percepção à emoção percebida.

Atenção: trata-se de um exercício pessoal!

Criar o costume de atentarmos às nossas próprias emoções, reconhecendo quando e como costumam surgir e os efeitos que produzem em nosso corpo na forma de sensações, confere-nos cada vez mais autonomia para gerenciá-las e fazer escolhas mais conscientes.

| | | |
|---|---|---|
| **GRATIDÃO** | borboletas no estômago | |
| | frio na espinha | |
| | calor no pescoço e na face | **MEDO** |
| | mãos geladas | |
| | náuseas | |
| | criatividade | |
| **FRUSTRAÇÃO** | aperto na garganta | **ALEGRIA** |
| | riso descontrolado | |
| | sonolência | |
| | sono tranquilo | |
| **ESPERANÇA** | insônia | **INDIGNAÇÃO** |
| | pressão abaixa | |
| | vontade de sorrir | |
| | vontade de chorar | |
| **VERGONHA** | falta de apetite | **TRISTEZA** |
| | aumento de apetite | |
| | taquicardia | |
| **RAIVA** | dor de barriga | **FELICIDADE** |
| | vontade de brincar e cantar | |
| | abrir-se para o novo | |

*Capítulo 3*
# Corrupto

*Eu vi bem: Aqueles que cultivam a desgraça e semeiam o sofrimento são também os que os colhem.*
JÓ, 4:8

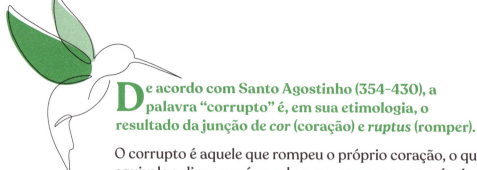

**D**e acordo com Santo Agostinho (354-430), a palavra "corrupto" é, em sua etimologia, o resultado da junção de *cor* (coração) e *ruptus* (romper).

O corrupto é aquele que rompeu o próprio coração, o que equivale a dizer que é aquele que rompeu com a própria essência, com sua própria natureza, com a própria alma.

O preço a pagar por tal ruptura é muito alto, pois criamos algo como outra personalidade, correndo o risco de perdermos nossa própria identidade, o endereço de nós mesmos.

Normalmente, a corrupção vem aos poucos, nos pequenos gestos, em pensamentos e palavras, quando cedemos a um impulso ruim que deve ser contido, repensado, ou quando contemos algo bom que deve se expandir. Gradativamente, ela se instala e pode dizimar qualquer resistência moral que tenhamos.

A educação no lar, na escola e no templo religioso pode e deve nos imunizar contra a crescente onda corruptiva.

Mais do que se vender, comprar algo ou alguém, "corromper" é ir na contramão das leis que regem o universo e a consciência, e que estabelecem que a semeadura é livre, mas a colheita é obrigatória. Todos podemos, com nobreza de caráter, correção na conduta, compaixão, uma vida honesta pautada no trabalho e no cultivo da humildade, criar colheitas positivas.

Até quem se corrompeu pode se transformar, desde que volte para si mesmo e pratique o *religare* ou o *meditare*, redescobrindo sua natureza mais íntima e divina, procurando pautar suas escolhas nas leis que estão presentes na consciência humana.

**Somos "corruptos" quando não estamos inteiros em uma relação; quando não dizemos o que precisa ser dito; quando não mudamos o que necessita ser mudado; quando nos permitimos adoecer por causa de alguém que nos maltrata ou manipula; quando não gestamos nem parimos nossos sonhos; quando vivemos em constante litígio com os outros, com o mundo, com Deus e conosco... Nessas situações, nós corrompemos. E o resultado disso é a infelicidade!**

**Viva em harmonia com a sua consciência.**

**Não se corrompa.**

# Cultivo 3

Nesta atividade, propomos a você um momento bem aberto e sincero consigo mesmo!

Trata-se de uma espécie de "teste" quanto às corrupções que são bastante frequentes no dia a dia. Em muitos casos, nem chegamos a perceber algumas delas.

Procure ler cada uma das atitudes a seguir e sondar se, em seus dias de vida, você teve ou costuma ter alguma delas, marcando-as com um ×.

Vamos lá?

- [ ] Usar uma carteirinha de estudante falsa para entrar em cinemas, teatros, estádios de futebol etc.

- [ ] Estacionar o carro em local reservado a pessoas com deficiência ou idosas.

- [ ] Não devolver o troco "a mais" que o caixa do supermercado lhe entregou e ainda comemorar por estar "com sorte".

- [ ] Oferecer um "cafezinho" ao agente de trânsito para não ser multado, ou seja, suborná-lo.

- [ ] Furar uma fila.

- [ ] Apresentar um atestado médico falso.

- [ ] Fingir que está dormindo quando um idoso entra no metrô, no trem ou no ônibus para não ter que ceder o assento.

- [ ] Na infância ou adolescência, falsificar a assinatura dos pais na caderneta escolar.

- [ ] Dizer a alguém que ligou para a sua casa que seus pais não estavam, mesmo que estivessem, a pedido deles.

Se você marcou uma ou mais atitudes, responda: você sente motivação ou inclinação para mudar suas ações?

Se a resposta for negativa, podemos parar o nosso exercício por aqui. Mas, se for positiva, aproveite para escrever sobre essa intenção com base nas questões a seguir.

**O QUE O MOTIVA A DESEJAR A MUDANÇA?**

**QUAIS RECURSOS VOCÊ PODE BUSCAR PARA AUXILIÁ-LO NESSA MUDANÇA DE ATITUDES?**

Olhar para as nossas atitudes pregressas e atuais com honestidade e sem julgamentos nos traz mais clareza para reconhecer o quanto mudamos e, ao mesmo tempo, abertura para a possibilidade de novas mudanças, caso as percebamos realmente importantes.

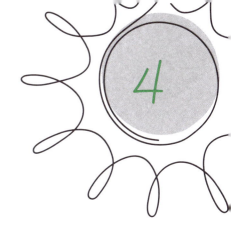

## Capítulo 4
## Adultizar-se

*Quando eu era criança, falava como criança, pensava como criança, raciocinava como criança. Depois que me tornei homem, fiz desaparecer o que era próprio de criança.*
**1 CORÍNTIOS, 13:11**

**A**dultizar-se significa torna-se adulto, lidar de um jeito mais maduro com desafios, situações e relações que aparecem pelo caminho.

É sair do lugar de vítima, de pessoa perseguida pela sorte, e descontruir as teorias da conspiração que criamos em torno de nosso projeto de felicidade.

É crescer de dentro para fora, aceitando as dores e as delícias desse processo que nunca termina e que se confunde com a nossa própria evolução como seres humanos.

É entender que não há relações perfeitas e que não somos os únicos a vivenciar frustrações; nós também frustramos muita gente.

A adultização implica rever os apegos e os controles que criamos e aos quais também temos nos submetido.

É descartar comportamentos que só geram peso e cansaço, colocando-nos em um litígio permanente conosco.

É assumir a nossa quota de responsabilidade no que não deu certo, deixando de culpar os outros e de "bolar" justificativas intermináveis para explicar o que não tem e não precisa de explicação.

É parar de querer mudar as pessoas na marra e começar a aceitá-las do jeito como querem e conseguem ser.

É procurar simplificar a relação conosco, diminuindo nossas neuroses de perfeição, organização extrema, detalhamentos escravizantes, higiene impossível, automedicação para tudo; é também deixar de assumir as culpas que não nos pertencem.

Adultizar-se é encarar a solidão existencial que nos cabe extraindo dela lições que nos ajudem a transformar crenças e desfazer ilusões – uma delas é a de que precisamos ser aceitos e amados por todos incondicionalmente, quando, curiosamente, não aceitamos nem amamos a todos da mesma forma.

É tirar o foco da vida alheia (inclusive nas redes sociais), do que o outro faz ou deixa de fazer, tem ou deixa de ter, e aproveitar melhor o tempo com o que é útil, bom, ético e capaz de nos conferir paz interior.

É perceber o que posso agregar às vidas que me cercam sendo solidário e não servil, amigo sem ser conivente, verdadeiro sem "chicotear" os demais com o meu excesso de sinceridade.

É caminhar com alegria por estar vivo, rir de si mesmo e das próprias infantilidades e tropeços sem perder a generosidade e a gratidão.

É ver que tem muita gente boa espalhada por aí que não se entrega e caminha no sentido contrário da violência, da indiferença e da corrupção.

É reconhecer que há beleza e poesia na diversidade, no contraste, no jogo de luz e sombra que permeia todo o universo e que, ao mesmo tempo, nos define como seres humanos.

**É acreditar e não se entregar, e resistir e construir tijolo a tijolo, semente a semente, com esforço e suor, risos e lágrimas, um mundo melhor dentro e fora de nós. E isso dá trabalho!**

**E então, você "topa" essa tal de adultização?**

## Cultivo 4

Você já completou um caça-palavras?
Há quanto tempo não completa um?

Propomos que se desafie a procurar no quadro abaixo 18 palavras. Entre elas, 9 se adequam a um perfil predominantemente adulto, de acordo com as reflexões propostas pelo texto. As outras 9, ao contrário, referem-se ao perfil "menos adulto". Divirta-se!

```
M O P P L M T V X K R U M I N A R
O O S O L I D A R I E D A D E F O
G Y S U Ç P A A Ç R C X G I J P I
E W L Z I S V I N F L E X I V E L
N S I M P L I F I C A N I I E R E
E N N I M A T U R O M T N H R F V
R H I N O K I X Ç O A E S U A E E
O B O M H U M O R F Ç L O M N C Z
S P G R A T I D A O A I L I E C A
I J H M I A Z A O F O B I L I I C
D Z T R I M A S O O G A T D J O O
A C E I T A Ç A O C G D U A E N R
D O C A L A A B A A J E D D S I A
E C O N T R O L E Ç U Z E E S S Ç
I D E N T I D A D K M A L A U M A
H C C U L P A B I L I Z A Ç A O L
```

### SOLUÇÃO DO DESAFIO

SOLIDARIEDADE PERFECCIONISMO SIMPLIFICA RUMINAR
BOM HUMOR RECLAMAÇÃO GRATIDÃO INFLEXÍVEL ACEITAÇÃO
FOFOCA GENEROSIDADE IMATURO SOLITUDE VITIMIZAÇÃO
LEVEZA CONTROLE HUMILDADE CULPABILIZAÇÃO

Ao finalizar a atividade, pense em como se sentiu. Quem sabe você possa aproveitar a forma leve e lúdica do passatempo para refletir um pouco sobre como cada uma das palavras encontradas faz sentido na sua vida... Se quiser, escreva um pouco sobre as suas reflexões.

Em meio às atividades sérias da vida adulta, brincar ou passar o tempo com um caça-palavras abre espaços à leveza curiosa da criança que habita o ser adulto. Parabéns por se permitir!

## Capítulo 5
# Reino interno

*Não se poderá dizer: Ei-lo aqui! Ei-lo ali! Pois eis que o Reino de Deus está no meio de vós.*
**LUCAS, 17:21**

**T**odos, indistintamente, temos um reino interno, repleto de riquezas, recursos e potencialidades inexploradas: inteligência, intuição, amor, virtudes e talentos em geral.

As histórias mitológicas e os contos de fada com seus simbolismos encerram lições preciosas sobre esses tesouros fantásticos que aguardam que demonstremos decisão, coragem e disposição em buscá-los, a fim de mudarem para melhor a nossa vida.

Carregamos uma espécie de "realeza ignorada" e até desprezada por conta de uma educação predominantemente materialista decorrente da cultura da qual fazemos parte.

Diversas vezes, Jesus mencionou a existência desse reino divino localizado em nós, ora nomeando-o como "Reino de Deus", ora como "Reino dos céus". Além disso, mostrou de modo prático e objetivo quais são os caminhos para conquistá-lo.

Trata-se de um reino interno acessível aos que deixam de brigar neuroticamente consigo mesmos em conflitos intermináveis e praticam a aceitação construtiva daquilo que é impermanente.

Esse reino é possível aos que deixam de dar importância ao que não é importante, que não gastam energia e tempo em posturas que nada somam de positivo para si e para os demais.

Está disponível para os que olham para dentro e despertam para enxergar o que antes não viam, e para os que cultivam bons pensamentos, bons propósitos e praticam boas ações.

A psicologia positiva nos faz enxergar o quanto nossa dimensão saudável é maior do que as patologias que desenvolvemos, e que elas são acidentes de percurso que nos mostram que adoecemos na desatenção.

A meditação milenarmente praticada por hindus, chineses, judeus, muçulmanos e povos ocidentais nos faz um convite atual e muito oportuno para essa mirada interna em busca de tais riquezas.

As culpas e carências que incessantemente desenvolvemos geram sofrimentos e lançam um manto de dúvida sobre o que somos, temos e podemos fazer.

As observações e comentários depreciativos constantes que recebemos cristalizam o nosso olhar sobre essas potencialidades.

Algumas religiões – lideradas, muitas vezes, por pessoas mais ocupadas em controlar, manipular, alienar e extorquir dinheiro – perdem de vista o caráter orientador e libertador que deveria nortear suas propostas e ações.

Nos lares há pais que colocam o **status** material em primeiro lugar, quando este deveria estar a serviço da realização interna, da felicidade dos filhos.

Ainda há tempo de promover uma "virada nesse jogo".

**Dentro de nós existem estrelas, árvores frutíferas, fontes desconhecidas, mares não navegados, pedras preciosas – pedras essas que são nossas virtudes originais–, caminhos ainda não percorridos, sementes que precisamos regar...**

**Medite, busque a psicoterapia, pratique exercícios, seja voluntário em uma obra social e selecione o que lê, canta, fala e pensa, investindo o que puder para conhecer e se apropriar desse maravilhoso reino interno.**

**Redescubra a sua realeza!**

# Cultivo 5

Que tal conectar-se com o seu corpo e com a sua respiração? Relaxar um pouco?

Para começar, deite-se com a barriga para cima na cama ou em um tapetinho de yoga.

Procure soltar o corpo sobre a superfície, afastando ligeiramente as pernas uma da outra e permitindo que os pés pendam para fora, naturalmente.

Posicione os braços um pouco afastados do corpo, com as palmas das mãos para cima. Relaxe os ombros, os braços e as mãos. Mantenha a cabeça centralizada. Se a coluna reclamar, talvez seja aconselhável colocar um apoio embaixo dos joelhos, como almofadas ou travesseiros.

Relaxe os músculos parte a parte, desde a face até os dedos dos pés.

Faça três respirações lentas e profundas, aproveitando cada expiração para relaxar o corpo ainda mais. Em seguida, foque a atenção na respiração natural, nos movimentos que o corpo faz e nas sensações de cada inspiração e de cada expiração. Relaxe o abdômen o quanto puder e, como uma testemunha curiosa, apenas contemple as sensações.

Permaneça nessa posição por algum tempo – 5 ou 10 minutos. Antes de se levantar, faça mais três respirações profundas e mexa o corpo lentamente, espreguiçando-se.

Aprender a relaxar o corpo é uma das atitudes essenciais para manter a saúde física. Inclusive, é uma forma de fortalecer o sistema imunológico. Esse aprendizado também desempenha um importante papel para a saúde mental.

## Capítulo 6
# Por onde anda o seu riso?

*Alegrando-vos na esperança, perseverando na tribulação, assíduos na oração.*
**ROMANOS, 12:12**

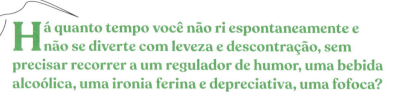

**H**á quanto tempo você não ri espontaneamente e não se diverte com leveza e descontração, sem precisar recorrer a um regulador de humor, uma bebida alcoólica, uma ironia ferina e depreciativa, uma fofoca?

Há quanto tempo o siso, a contração facial, o ar intelectual ou até mesmo as preocupações, as ansiedades e os medos substituíram aquela expressão jovial e aquele olhar curioso e doce que encantava quem se acercava de você?

É possível parar e identificar o momento em que seu riso se ocultou e se entranhou, para em seguida iniciar a procura que possa restituí-lo ao lugar de onde nunca deveria ter saído: o seu coração!

Se dançar resgata o seu riso, dance!

Se cantar acorda o seu riso, cante!

Se conversar acende o seu riso, converse!

Se o silêncio aflora o seu riso, silencie!

Se brincar desperta o seu riso, brinque!

Se ler, escrever, dormir, beijar, namorar, comer e beber (com moderação), viajar, fazer exercícios permitem que um fluxo diferente de alegria seja renovado em você, permita-se, presenteie-se, crie essa dinâmica o quanto antes e usufrua da alegria que anda guardada e esquecida dentro de sua alma.

Rir rejuvenesce, melhora a imunidade, liberta-nos de ideias fixas, afasta perturbações, higieniza a mente.

Rir é plantar flores, colher fruta madura, tomar sol, andar descalço na terra ou na areia, contar estrelas, deitar-se na relva, observar as nuvens deixando que a imaginação nos guie. É regar plantas, comer chocolate e tomar sorvete. É permitir que, apesar de todas as dores e dificuldades, a vida possa, ao menos de vez em quando, fazer-nos cócegas, revirando-nos por dentro.

**Tenhamos cuidado para que as responsabilidades cotidianas não nos tornem cegos, surdos e mudos para a necessidade de rir, sorrir, gargalhar.**

**E que haja em nós, dentro do peito, um verso, um acorde, uma cor, uma paisagem, uma singela história, uma rápida conversa, um abraço, um olhar, um versículo, uma palavra que, ao ser lembrada, abra um arco-íris de alegria em nossos lábios. Mesmo que tudo isso traga também uma chuva de lágrimas, mas lágrimas renovadoras e fecundantes, lágrimas de contentamento puro e verdadeiro, lágrimas que nos lavem e nos ajudem a virar a página de qualquer tristeza cujo prazo de validade já tenha vencido sem que tenhamos percebido.**

**Sorria!**

# Cultivo 6

Você se identificou com alguma parte do texto?

Independentemente de sua resposta, queremos convidá-lo para mais uma experiência, talvez a proposta mais simples de todas as que estão nesse livro.

Para concebê-la, inspiramo-nos em uma cena do filme *Comer, rezar e amar* estrelado pela atriz Julia Roberts. Em um trecho do filme, um mestre dá uma dica à personagem principal, Liz, sobre meditação balinesa. Se você assistiu, deverá se lembrar.

> *Sente em silêncio e sorria. [...] Sorrir com o rosto. Sorrir com a mente. Até no seu fígado.*

Pois bem, agora a dica é para você: sente-se confortável e firmemente, em silêncio. Com os olhos suavemente fechados, mantenha um sorriso nos lábios. Pode ser um "ar de sorriso" ou até mesmo um sorriso mais largo, desde que seja leve.

Se preferir (apenas se achar que pode ser melhor para você), associe o sorriso à respiração, tome consciência dela momento a momento até os ápices da inspiração e da expiração, recomeçando lentamente cada ciclo na mesma intenção de sustentar suavemente o sorriso.

Mantenha-se assim pelo tempo que você julgar razoável, mas não tenha pressa em finalizar.

Registre a seguir as percepções que teve durante o exercício e depois de finalizá-lo.

Sentar-se em silêncio e sorrir, assim como respirar profundamente, pode automaticamente mudar o seu estado emocional.

## Capítulo 7
# Pessoas tóxicas

*O segundo é este: Amarás o teu próximo como a ti mesmo.*
**MARCOS, 12:31**

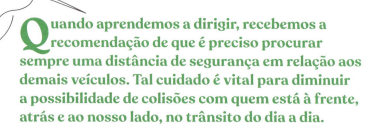

**Q**uando aprendemos a dirigir, recebemos a recomendação de que é preciso procurar sempre uma distância de segurança em relação aos demais veículos. Tal cuidado é vital para diminuir a possibilidade de colisões com quem está à frente, atrás e ao nosso lado, no trânsito do dia a dia.

Na vida, por mais próximos que sejamos de alguém, há momentos em que se faz necessário um certo distanciamento, especialmente quando alguma dependência excessiva esteja se estabelecendo ou já tenha se instalado.

Esse cuidado é importante para não criarmos e mantermos vínculos que sejam tóxicos, ou seja, relações em que sejamos sugados, "vampirizados" em nossas energias, acreditando fazer a caridade e agindo com o amor ao próximo recomendados por Jesus.

Pessoas tóxicas costumam ser possessivas, agressivas, mimadas, excessivamente críticas e insatisfeitas, e só enxergam o lado negativo de tudo e de todos. Parecem não se contentar com nada. São, na verdade, "poços sem fundo" que, quanto mais damos, mais querem. São exigentes, reclamam muito e não exercitam gratidão – quando o fazem, é com a intenção de nos manter cativos dos seus caprichos.

Outro perfil tóxico é aquele configurado por criaturas que sempre se vitimam – são coitadinhas, incompreendidas e julgam-se injustiçadas –, despertando compaixão e nunca admiração. Não revelam os reais motivos do revés que enfrentam; omitem informações como estratégia para atrair, seduzir e obter o que desejam.

Vivendo por longo tempo com pessoas assim e sendo por elas influenciados, vamos perdendo o viço, a alegria e o entusiasmo pela vida.

Do mesmo modo que cozinhar nos deixa com um pouco do cheiro dos alimentos e temperos que preparamos, conviver com tais criaturas pode provocar certo grau de contaminação, passível de ser eliminado com oração, meditação e terapia.

Caso não tenhamos como nos afastar dessas pessoas, precisaremos manter uma distância de segurança, uma postura que nos blinde, que nos proteja dessa "sucção relacional". Podemos, inclusive, dizer a esse alguém que ele deve buscar um tratamento psicológico, psiquiátrico e espiritual.

Quem cuida de um doente precisa ter folga; quem trabalha tem direito a férias; quem estuda tem dias de recesso a fim de se refazer. Do mesmo modo, precisamos sair da rotina quando se trata da convivência com pessoas tóxicas.

É preciso! É essencial!

**Busquemos o ar puro em relações de troca verdadeira e amizades sinceras junto a corações que estejam dispostos a simplesmente estar conosco, sem exigências, cálculos e expectativas, sem reservas e julgamentos, apenas pelo prazer de conversar ou compartilhar silêncios efusivos, nutritivos e afetuosos.**

**Fuja dos vampiros! Mas, atenção: não seja um vampiro você também!**

## Cultivo 7

O texto sugere que mantenhamos um certo distanciamento de pessoas tóxicas, assim como somos ensinados a manter distância de outros veículos quando aprendemos a dirigir.

Também diz o texto que a meditação pode ser um recurso útil para a descontaminação em um possível convívio mais próximo com uma pessoa tóxica.

Pois bem! Convidamos você a experimentar uma atividade de observação.

Escolha um local em que possa se deitar e olhar para o céu. Observe as nuvens. Calmamente, passeie o olhar por todas elas. Note as diferenças de formato entre elas e a transformação gradativa desses formatos conforme o tempo passa. Caso comece, involuntariamente, a questionar e analisar as nuvens, retorne à simples proposta de perceber as formas e acompanhar o movimento.

Ao se dedicar à observação, você se permite apenas notar, ver e perceber, sem se envolver com apreciações ou narrativas mentais sobre o que observa. Atividades como essa podem servir de auxílio para relaxar a mente e empreender um certo distanciamento em situações cotidianas.

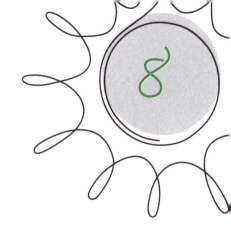

## Capítulo 8
## Quais são os seus frutos?

*Do mesmo modo, toda árvore boa dá bons frutos, mas a árvore má dá frutos ruins.*
**MATEUS, 7:17**

**E**m nossa vida de relação conosco e com os outros, estamos o tempo inteiro semeando e colhendo.

"Semear" significa agir com a intenção de plantar, e cada atitude nossa é uma semente que germinará conforme a intenção e o cuidado dispensados a esse plantio.

Cuidamos quando protegemos, regamos e acompanhamos o crescimento com a atenção necessária para garantir a colheita de frutos saborosos e nutritivos.

Uma palavra, um gesto, um silêncio, um olhar, uma ironia, um abraço, um sorriso, uma mensagem virtual, um "sim" e um "não", uma presença e uma ausência são sempre sementes capazes de produzir germinação.

Jesus afirmou que toda árvore boa produz frutos bons. Logo, se queremos conhecer o caráter de alguém, precisamos analisar os frutos de suas ações, observando não apenas o que ele diz, mas principalmente o que faz.

Sempre é possível alterar para melhor os nossos padrões de pensamento, fixando-nos no bem, no positivo, e alimentando quadros mentais de harmonia e paz; sorrir mais, espalhando alegria e bem-estar, e romper com queixas, murmurações e quadros mentais sombrios.

Podemos usar um vocabulário simples, que nos aproxime dos que nos ouvem e leem, em frases de incentivo, consolo e esperança, estimulando a continuidade das boas resoluções de todos.

Podemos promover campanhas de auxílio e divulgação de instituições sérias que ajudam enfermos, crianças, idosos, pessoas com necessidades especiais, protetores e cuidadores de animais, além de iniciativas ecológicas e trabalhos de promoção social. E ainda postar vídeos e frases reflexivas que colaborem para o crescimento daqueles que nos acompanham.

Há uma vastidão de atitudes benfazejas e úteis capazes de gerar frutos maravilhosos para a transformação do contexto em que vivemos.

Não se julgue pequeno e inexpressivo; lembre-se de que a nossa essência é divina e somos todos filhos das estrelas.

**Há um gigante que dorme em cada um nós e precisamos acordá-lo! Fazer valer a sua força, arando o solo das resistências internas e protegendo-nos contra o pessimismo e a preguiça.**

**Você não é melhor do que ninguém, mas pode ser bem maior do que tem sido.**

**Semeie! Acredite! Produza bons frutos!**

## Cultivo 8

Como diz o texto, "há uma vastidão de atitudes benfazejas e úteis capazes de gerar frutos maravilhosos para a transformação do contexto em que vivemos".

Que tal se agora você elencar algumas das atitudes que toma em sua vida?

Convidamos você a marcar, na tabela a seguir, a coluna que melhor representa a frequência com que você exercita cada uma das atitudes descritas ou a propensão para cada uma delas. Não se trata de um teste para avaliar se você está semeando muito ou pouco. Nada disso! Trata-se apenas de uma rica oportunidade de fazer contato com o seu momento e com as suas possíveis inclinações para novas atitudes.

Por isso, julgamentos não estão previstos para essa atividade!

Se você se propôs a fazer esse exercício, quem sabe possa olhar para a configuração do quadro agora marcado sem julgamento excessivo ou avaliações do tipo "certo ou errado". Note o quanto ele pode servir como uma espécie de mapeamento provisório de alguns hábitos simples que podem ser transformadores no contexto de nossa vidas pessoal e social. Em resumo, esse é um singelo exercício que contribui para o autoconhecimento e, talvez, para novas inspirações!

| ATITUDE | FAÇO ISSO COM REGU-LARIDADE (já faz parte da minha vida) | FAÇO COM MUITA FRE-QUÊNCIA | FAÇO COM POUCA FRE-QUÊNCIA | NÃO FAÇO, MAS GOSTA-RIA DE FAZER | NÃO FAÇO E NÃO SINTO VONTADE DE FAZER |
|---|---|---|---|---|---|
| Cultivar plantas | ◯ | ◯ | ◯ | ◯ | ◯ |
| Orar | ◯ | ◯ | ◯ | ◯ | ◯ |
| Realizar trabalho voluntário | ◯ | ◯ | ◯ | ◯ | ◯ |
| Agradecer | ◯ | ◯ | ◯ | ◯ | ◯ |
| Cuidar de um animal | ◯ | ◯ | ◯ | ◯ | ◯ |
| Cultivar amizades | ◯ | ◯ | ◯ | ◯ | ◯ |
| Em uma conversar, ouvir | ◯ | ◯ | ◯ | ◯ | ◯ |
| Contribuir para a realização de tarefas domésticas | ◯ | ◯ | ◯ | ◯ | ◯ |
| Fazer elogios | ◯ | ◯ | ◯ | ◯ | ◯ |
| Divulgar ações positivas | ◯ | ◯ | ◯ | ◯ | ◯ |
| Sorrir | ◯ | ◯ | ◯ | ◯ | ◯ |
| Meditar | ◯ | ◯ | ◯ | ◯ | ◯ |

## Capítulo 9
## A outra face

*Eu, porém, vos digo: não resistais ao homem mau; antes, àquele que te fere na face direita, oferece-lhe também a esquerda [...]*
**MATEUS, 5:39**

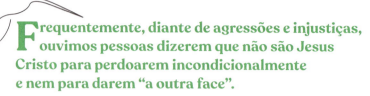

**F**requentemente, diante de agressões e injustiças, ouvimos pessoas dizerem que não são Jesus Cristo para perdoarem incondicionalmente e nem para darem "a outra face".

Se analisado de modo literal e sem maiores aprofundamentos, soa estranho dar o outro lado do rosto para quem já tenha nos esbofeteado ou desferido um soco, ou cometido qualquer forma de agressão contra nós. Parece uma sandice e até uma atitude masoquista, própria de quem encontra prazer em sofrer.

Para que faça sentido essa proposta corajosa e inteligente, precisamos ampliar a nossa compreensão do que seja a outra face.

Quando nos deparamos com uma fruta de aspecto um tanto deteriorado mas queremos comê-la mesmo assim, jogamos fora a parte "ruim" e comemos a parte "boa". A distinção entre as duas partes é possível; temos apenas que percorrer os olhos por seus diferentes ângulos para constatar se ela ainda tem partes que podem ser aproveitadas.

Em nossa convivência cotidiana, somos chamados a perceber "a outra face" das pessoas: as qualidades, os valores e as boas atitudes que elas têm, de modo a concluir se desejamos ou não continuar a conviver com elas.

Essa mesma ideia se aplica à autoanalise sincera que podemos realizar para detectar erros que tenhamos cometido: um pensamento impróprio a respeito de alguém, uma fala imprudente e maliciosa, uma atitude impulsiva de nossa parte. Algo que nos provoque arrependimento, culpa ou algum tipo de mal-estar.

Nessa hora, é preciso olhar para os diferentes ângulos de nós mesmos e constatar que não podemos ser reduzidos a uma atitude impensada ou a um comentário malicioso e distorcido que tenhamos emitido. Somos bem mais do que o somatório de nossos equívocos e estes, muitas vezes, são a representação de nossas tentativas de acertar, dos esforços sinceros que fazemos para evoluir. Eis aí também a outra face...

A outra face da guerra é a paz.

A outra face da agressão é a tentativa de entender as razões do agressor.

A outra face do ódio é o amor.

A outra face da queixa sistemática é a aceitação dinâmica.

A outra face da censura é a aprovação.

É muito difícil ver algo de bom enquanto sofremos, enfrentamos crises ou passamos por sérias dificuldades financeiras, amorosas, no campo da saúde e até mesmo embates existenciais. É mais fácil descobrir o lado positivo de tudo depois que a tempestade passa, e tal descoberta, saldo ou lição não deixa de ser uma espécie de "outra face".

A outra face da crítica que apenas desqualifica é o elogio sincero, o reconhecimento dos esforços, das lutas que alguém esteja empreendendo.

Há quem, mesmo tendo tantas características boas, belas e úteis, inclusive reconhecidas e enaltecidas por quem aqueles com quem convive de perto, viva se fixando neuroticamente no que ainda falta ser desenvolvido e aperfeiçoado em um nível de exigência extremo e inalcançável.

A outra face só se torna possível quando desconstruímos olhares e rótulos, e utilizamos uma certa sintonia fina em nossa capacidade de análise. Afinal, nem todo religioso é fanático; nem todo seguidor do islamismo é terrorista; nem todo casamento é de fachada; nem todo mundo quer o nosso mal.

Há momentos em que, para nos protegermos, precisamos enxergar a manipulação, a desfaçatez, a esperteza de alguém que quer nos enganar, mesmo que tal pessoa apresente características aparentemente positivas. Também aí estamos buscando "a outra face".

**Ao desenvolvermos um pouco mais de contato conosco pelas vias da meditação, da oração, da reflexão e da atenção plena, logramos ver a nós mesmos, o outro, a natureza e o mundo por outros prismas.**

**Permitamo-nos novos olhares. Desenvolvamos a proposta do Cristo e de tantos outros grandes pensadores que passaram pelo planeta, como Sócrates, Buda, Dalai Lama, Yogananda, Chico Xavier, Einstein e Gandhi; todos eles nos ajudam a perceber "a outra face".**

# Cultivo 9

Nossa percepção de coisas, situações e pessoas se forma a partir do lugar que ocupamos, da perspectiva que temos do lugar de onde miramos as coisas.

Para ver a outra face ou oferecer a outra face, segundo as reflexões do texto, podemos buscar o auxílio de uma proposta para desocupar lugares costumeiros, migrando para outros menos visitados e olhar a vida de lá, sentir a vida de lá, ouvir a vida de lá do lugar não habitual, mas no qual também se vive.

Trata-se de ir liberando alguns hábitos para, quem sabe, abraçar outros.

Damos, a seguir, seis sugestões sobre como fazer isso. Convidamos você a lê-las e a decidir se vale a pena arriscar-se nessa reveladora aventura de se dedicar, com a leveza e o bom humor que lhe sejam possíveis, a liberar alguns hábitos.

1. Sente-se em uma cadeira diferente daquela na qual você habitualmente se senta para as refeições à mesa de casa ou no restaurante.
2. Ao transitar a pé pela rua, caminhe pela calçada do lado oposto ao habitual, mesmo que, ao chegar próximo ao destino, você precise atravessar novamente.
3. Se você divide a sua cama com alguém, proponha uma alteração de lado.
4. Corte seus cabelos com um profissional diferente ou arrisque um corte novo.
5. Ao ir de carro para o trabalho, estabeleça alguma mudança segura, ainda que discreta, no percurso.
6. Caso você tenha o hábito de pintar as unhas, aproveite qualquer ocasião para usar uma cor que nunca tenha usado antes.

No quadrinho a seguir, você poderá anotar quais hábitos optou por liberar e fazer observações sobre como vem se sentindo ao vivenciar esse processo.

Desde já, parabéns pelas escolhas!

Boa sorte!

Liberar hábitos nos favorece a enxergar as coisas por outra perspectiva, aumentando a atenção e a conexão com o momento presente.

72 • 73

## Capítulo 10
# O julgar incessante

*Não julgueis, para não serdes julgados; não condeneis para não serdes condenados; perdoai, e vos será perdoado.*
**LUCAS, 6:37**

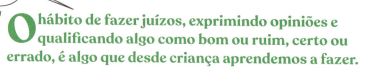

**O hábito de fazer juízos, exprimindo opiniões e qualificando algo como bom ou ruim, certo ou errado, é algo que desde criança aprendemos a fazer.**

Nos diferentes grupos sociais com os quais interagimos parece haver uma necessidade tácita, um impulso quase irresistível de dizer a todo instante o que pensamos. E, se resolvemos apenas ouvir, calando-nos um pouco, somos convidados e até cobrados a "pôr para fora" o que nos vai por dentro.

O uso da razão, o exercício do senso crítico e a capacidade de análise são conquistas evolutivas que não devemos desprezar. A questão é que julgar tudo, todos e a nós mesmos o tempo inteiro, de modo contínuo, sem intervalos em um "ruminar constante de pensamentos" gera cansaço mental, um esgotamento que pode comprometer a nossa capacidade de sentir e experimentar sensações sem a necessidade de qualificá-las.

É claro que precisamos nos conhecer, e a introspecção, a reflexão e as terapias são ferramentas importantes nesse processo. Elas nos ajudam a perceber quando estamos pensando muito e sentindo pouco, ou o contrário. São elas que nos permitem encontrar "um meio termo" que seja saudável e útil.

A questão é que, por vezes, reduzimo-nos exclusivamente ao que pensamos, deixando de abrir espaços internos.

Espaços para contemplarmos o pôr do sol em silêncio verbal e mental; para apreciarmos a chuva e observarmos o vento balançar as árvores e movimentar as nuvens; para vermos o ir e vir das ondas no mar sem especular sobre questões de física, química, biologia; apenas registrando a beleza, o fluxo e a poesia que tal movimento encerra; para deixarmos que uma melodia penetre na acústica da alma sem especulações; para permitirmos que uma pintura nos encante, emocione e nada mais...

Trata-se de uma proposta milenar, ainda que desconhecida por alguns e deixada de lado por outros.

Para desenvolver e cultivar essa quietude é preciso, além de outras coisas, controlar o desejo de sempre ensinar, especular, perguntar, dizer e problematizar, a fim de desfrutar, criando espaços na mente para sorver e sentir.

**Avaliemos não apenas a qualidade e a intenção de nossos juízos – acertados ou equivocados, precisos ou distorcidos –, mas igualmente a frequência com que eles se manifestam.**

**Desse modo, desaceleraremos não apenas o nosso ritmo frenético, mas cultivaremos um pouco mais de harmonia, sensibilidade e empatia na hora que desejarmos exprimir nossas opiniões e julgamentos.**

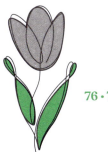

# Cultivo 10

Você já parou para observar a nossa tendência para rotular, julgar e fazer os tipos de generalização mencionados no texto? Já conseguiu notar a si mesmo agindo dessa forma?

A atividade que segue, inspirada na comunicação não violenta, possivelmente o auxiliará no processo de percepção desses comportamentos em você.

Leia o quadro a seguir. Marque a opção que mais se assemelha com a sua maneira usual de analisar e/ou se expressar.

| | |
|---|---|
| ○ Maria é horrorosa. | ○ Não considero a aparência de Maria atraente. |
| ○ Paula é uma péssima faxineira. | ○ Nas três vezes que Paula fez faxina no escritório, ela não tirou a poeira dos livros. |
| ○ Cláudio é muito orgulhoso. | ○ Durante a execução desse projeto, Cláudio não pediu a ajuda de ninguém. |
| ○ Minha prima reclama demais. | ○ Na conversa que tive com minha prima ontem, ela mencionou cinco pessoas que fizeram coisas que a desagradaram. |
| ○ Meu filho é um Espírito evoluidíssimo. | ○ Durante o 3.º ano, meu filho compartilhou seu lanche com os colegas de turma. |
| ○ Não entendi nada, pois a professora fala como uma metralhadora descontrolada. | ○ Não consegui entender parte do conteúdo, pois a professora falou muito rápido. |

Agora, veja se as marcações que fez se encontram predominantemente na coluna da esquerda ou na da direita.

Na coluna da esquerda há julgamentos e generalizações. Na coluna da direita, observações.

Com base no resultado que obteve no exercício, propomos que descubra por você mesmo se vale a pena começar a cultivar mais o olhar observador e expressar mais a realidade abrindo mão do julgar incessante. A escolha é sua!

*Capítulo 11*
# Celebração

*No terceiro dia, houve um casamento em Caná
da Galileia e a mãe de Jesus estava lá.
Jesus foi convidado para o casamento
e os seus discípulos também.*
JOÃO, 2:1-2

**T**odos já celebramos, um dia, algum momento especial: um casamento, o nascimento de um filho, um batizado, a aprovação em um concurso, uma promoção, uma vitória importante, a cura de uma enfermidade, o êxito de uma cirurgia, o fim de uma guerra, uma colheita, o aniversário de alguém querido, uma viagem, o Natal e a passagem de mais um ano, entre outros tantos.

Celebrações existem nas mais diferentes culturas e, para cada uma delas, seus significados podem ser diversos.

Narra o apóstolo João que em Caná, uma aldeia próxima a Nazaré, ocorria uma boda. Jesus foi informado por sua mãe que já não havia mais vinho na festa e que tal fato seria motivo de constrangimento para os noivos. Assim, Ele transformou a água em vinho de excelente qualidade.

Naquela tradição e naquele tempo, o bom vinho era sempre servido primeiro; depois, era servido o que houvesse. No entanto, para o espanto do mestre de cerimônias e graças a Jesus, o bom vinho acabou sendo servido antes do final da festa.

Essa narrativa paradoxal nos convida a pensar que podemos sorver o melhor da vida hoje, agora, neste instante, se soubermos também transformar o que pode ser transformado.

Podemos viver a alegria, a paz, o bom humor, as boas lembranças, a serenidade, a coragem, o silêncio, a justiça, a verdade, a fraternidade e o diálogo que forem possíveis.

Celebrar não implica esquecer a dura realidade; implica, apenas, encontrar motivos para seguir em frente apesar dela, transformando água em vinho, pedras em pontes, sementes em pão, flores em perfume, espinhos em experiências e lágrimas em sal que nos tempere e nos faça crescer em meio ao caos.

O que agora parte abre espaço para o que chega, trazendo novos sentidos, esperanças e propósitos.

Podemos chorar os que partiram sem esquecer o riso com os que ficaram.

Podemos lamentar os erros cometidos sem esquecer as preciosas lições que eles deixaram.

O episódio das Bodas de Caná no fala sobre a importância de celebrar, de viver o agora, transformando e reciclando tudo o que pode e deve ser ressignificado.

É tempo de acendermos as luzes internas! De nos libertarmos das imagens negativas que construímos de nós mesmos. De silenciarmos as vozes das culpas e as autocensuras que já não nos servem mais.

Temos que desenvolver novos olhares, acreditar
em novos dias a partir de novas e corajosas ações;
revolucionarmos o interno sem perder de vista
o compromisso externo com tudo o que nos
requisita posicionamento, atitude, participação.

Devemos ouvir quem fala, falar sem querer
ensinar e dar lições o tempo todo, exibindo
nosso pretenso, vasto e arrogante saber.

É tempo de nos cultivarmos mais, de nos querermos
bem e de sermos mais amigos de nós mesmos, do nosso
corpo, dos nossos traços, da vida que pudemos construir,
e que tentamos todos os dias melhorar e embelezar.
Devemos lutar para não deixar que isso tudo pereça.

Faça um pacto consigo e celebre tudo o que for possível.

Não se trata de mágica nem de milagre, mas da capacidade de se autodeterminar e escolher como pensar, sentir e se relacionar consigo mesmo.

**Escolha os seus caminhos internos e siga passo a passo, no seu ritmo, com a sua cara, a seu modo, no seu tempo... E sem narcisismo, autossuficiência ou ar de pessoa "safa" e bem resolvida em tudo. Siga como alguém que se gosta, que se curte, que se ama.**

**Celebre-se!**

*Cultivo 11*

# Você gosta de dançar?

Observe que a pergunta é se você *gosta*, e não se você *sabe* dançar, pois não nos referimos aqui a um estilo de dança aprendido em aulas.

Independentemente de sua resposta, queremos propor uma experiência muito legal com a dança: primeiro, procure se lembrar de uma música que o convide a dançar. É importante que quando você ouça essa música, seu corpo também a ouça, assim como o seu coração.

Escolhida a música, escolha também um local e um momento em que você possa estar só. Certifique-se disso para que possa se sentir livre, completamente à vontade.

Ao ouvir os primeiros acordes, procure sentir o corpo inteiro e se permita movimentos que não repitam algo que você já conhece; além disso, não copie a performance de alguém. Vá ao encontro de sua própria harmonia e se alegre com a sua dança. Ela será perfeita do jeito que for!

Depois que a música terminar, volte a sentir o seu corpo parado, assim como a sua respiração, os seus batimentos cardíacos, a sua temperatura corporal e todas as sensações e vibrações mais sutis que possam surgir. Observe como se sente e, se quiser, responda à seguinte pergunta: considerando os seus sentimentos durante a dança e depois dela, qual foi o objeto principal da sua celebração?

Ao dançarmos, tendemos a nos sentir mais felizes, bem-dispostos, espontâneos e criativos. Abrirmos espaço para a dança em nossas vidas é uma genuína forma de cultivar a alegria de viver e celebrar a vida!

## Capítulo 12
# Você consegue silenciar?

*Por isso, quando deres esmola, não te ponhas a trombetear em público, como fazem os hipócritas nas sinagogas e nas ruas, com o propósito de ser glorificados pelos homens. Em verdade vos digo: já receberam sua recompensa.*

**MATEUS, 6:2**

## Silenciar é diferente de fazer silêncio.

Fazemos silêncio quando nos calamos, deixando de emitir sons e expressar opiniões. Silenciamos quando temos momentos de quietude interna no pensar e no sentir, a fim de registrar aquilo que, raciocinando sem parar, não percebemos.

Podemos fazer silêncio como forma de protesto, defesa, implicância, indiferença e até para não nos comprometermos.

Silenciar implica nos abrirmos para aprender com o outro, com a natureza e com as situações cotidianas. Tal estado só é possível quando, apesar da idade, do conhecimento e das experiências acumuladas, ainda mantemos olhos e alma de aprendiz.

Sendo aprendizes no fundo de nosso coração, não temos pressa em dizer quem somos, o que temos, por onde andamos e que saber acumulamos. Não nos move o desejo de competir, contestar, contrapor ou entrar em conflitos a fim de nos sagrarmos vencedores em uma disputa argumentativa.

Nesse silenciar, observar com atenção e sentir se tornam mais importantes do que julgar e qualificar alguém ou alguma coisa.

Passamos a aceitar o que antes nos conduzia a um constante litígio com pessoas, instituições e conosco. Descobrimos cor, beleza e sentido naquilo que antes nos passava despercebido.

Jesus nos recomenda discrição, modéstia e humildade na prática do bem, o que podemos traduzir também como um silenciar quando fazemos boas obras. É permitir que o coração e a consciência encontrem contentamento, paz e prazer sem a necessidade de alarde ou propaganda.

Esse estado íntimo de quietude e ausência de pressa gera gratidão e generosidade: gratidão diante do corpo, das estações, do trabalho, da família, da grandeza do universo e até perante as dificuldades que tanto nos ensinam a desenvolver a perseverança, a esperança e a fé; generosidade porque a compaixão nos conduz a um estender de braços e recursos a quem precisar, e a gentileza passa a andar um pouco mais de braços dados conosco.

Aprendemos a aguardar com lucidez o tempo do outro, respeitando com mais paciência o ritmo alheio, seus olhares, crenças e limitações.

**Silenciar nos confere mais serenidade, paz, concentração e foco.**

**Ouça o seu coração, ouça o outro, ouça a vida e torne-se um pouco mais sábio.**

## Cultivo 12

Convidamos você
a ouvir, agora!

Comece ouvindo os sons e ruídos que estão presentes ao
seu redor, no espaço em que você está neste momento.

Mantenha-se por alguns minutos nesse propósito.
Não tenha pressa, pois talvez surjam percepções
de sons que no início pareciam não estar presentes.
Testemunhe essa escuta por mais alguns instantes,
vivendo-a, sem precisar pensar sobre ela.

(Se estiver ao ar livre, note os sons mais próximos.)

Registre as suas percepções (aquilo que
você ouviu) no espaço a seguir.

Agora, amplie a sua escuta e o seu interesse,
dirigindo a sua atenção auditiva para o que pode
ser ouvido vindo de outros cômodos ao seu redor.

Você não precisa procurar, mas apenas se colocar
disponível a escutar, pois há uma diferença importante
entre as duas posturas. Mantenha-se nesse propósito
sutil e revelador de silêncios, barulhos e nuances.
Sem pressa, após sorver essa realidade por meio
dos ouvidos, registre as suas percepções (o que
ouviu, e não o que pensou sobre o que ouviu).

Neste momento, expanda ainda mais o seu campo de atenção. Direcione a sua escuta para o ambiente externo. Tente não antecipar mentalmente aquilo que lhe parece provável de ser ouvido. Entregue-se à realidade, àquilo que surgir, e note o que lhe chega aos ouvidos. Mantenha a abertura para ouvir o que virá ou o que não virá. Registre o que ouviu a seguir.

Depois dessas três escutas, é possível que a sua percepção dos sons aconteça independentemente de haver ou não algo para ser ouvido.

A escuta poderá se manter, mesmo que aquilo que você ouvir seja desagradável.

**Perceba a sua escuta. Talvez o silenciar venha justamente dela!**

## Capítulo 13
# Criança

*Jesus, porém, chamou-as, dizendo: "Deixai as criancinhas virem a mim e não as impeçais, pois delas é o Reino de Deus. [...]"*
**LUCAS, 18:16**

# Cuide de sua criança interior!

Todos temos dentro de nós uma criança viva que clama por acolhimento, aceitação e carinho.

Ela pode estar, sem que o saibamos, comandando-nos com as suas carências. Pode estar com medo de sofrer, de viver novas perdas, e por isso foge e se retrai na tentativa de se proteger como um caracol em sua concha. Nesse movimento, ela interfere diretamente nas decisões que tomamos, nas relações que criamos, em nosso jeito de dar e receber afeto.

Ela pode ter sido mimada, por isso não aprendeu a trocar, oferecer, mas apenas receber.

Pode ter dores e frustrações acumuladas, traumas antigos que precisam ser diluídos para que, sem o peso do passado, consiga correr livre, leve e feliz.

Essa criança nos traz aspectos infantis de que precisamos cuidar e os quais precisamos amadurecer para que não esperemos nem exijamos dos outros, da vida e de nós mesmos além do que é possível e razoável. Esse processo requer sensibilidade, paciência e coragem, porque teremos de olhar para nós mesmos e nos transformarmos.

Cuidar da criança interior pede o reconhecimento de sua existência e a sensibilidade para ouvi-la, buscando meios de ajudá-la a integrar-se na pessoa adulta que nos tornamos (ou não).

Dar a ela o nosso olhar mais terno, envolvendo-a em um abraço acolhedor, em um sorriso de alegria com a sua presença, tocando com segurança a sua delicada mão, é convidá-la a abandonar o medo.

É poder dizer que ainda há tempo e espaço para brincar, rir, crescer, errar e acertar, dar e receber amor, e conviver sem precisar se esconder e calar-se, e apenas chorar.

Busquemos por meio da meditação, de vivências e, principalmente, de psicoterapia fazer contato com essa criança. Ao olharmos para ela sem censura, pesar ou preconceito, caminharemos com alegria ao encontro da autoaceitação e do autoamor.

**Ame a sua criança interior!**

**Ame-se como é, independentemente de como tenha sido e do que ainda não seja, e aprimore o seu amor, esculpindo com carinho, paciência e simplicidade a obra-prima divina que você é.**

# Cultivo 13

Nosso convite agora é para que você escreva uma carta.

Embora o costume de escrever cartas não esteja mais tão presente em nossa sociedade tecnológica e acelerada, a carta que propomos que você escreva aqui não tem nada a ver com a maneira como as pessoas têm se comunicado atualmente, pois se trata de uma carta para si mesmo.

Aproveitando principalmente a inspiração do texto "Criança" e a maneira como ele repercutiu em você (como o fez sentir-se e/ou lembranças que evocou), experimente escrever essa carta para a criança que você foi ou, se preferir, para a sua criança interior.

Antes de começar a escrever, talvez seja bom escolher a idade da sua criança a fim de visualizá-la naquela fase da vida e poder lhe endereçar a sua mensagem. Se achar por bem, selecione uma foto sua na idade escolhida para a sua criança interior para ser usada como apoio à atividade.

Deixe as palavras fluírem livremente, de forma bem simples e adornada pelos mais puros sentimentos e intenções!

Agora, perceba se você tem vontade de ler o que escreveu neste momento ou se prefere deixar a leitura para depois.

Se quiser, você pode ler a sua carta em voz alta. Note o quanto é possível reconhecer como se sentiu durante a escrita e a leitura, oferecendo a si mesmo a gentileza e o acolhimento possíveis.

A elaboração de cartas como essa pode ser terapêutica. Durante a escrita, deixamos emergir, para depois registrar no papel, aquilo que vai no nosso coração, por exemplo acolhimento, aceitação e cuidado.

## Capítulo 14
## O que há de melhor em você?

*Outrora éreis treva, mas agora sois luz no Senhor: Andai como filhos da luz [...]*
**EFÉSIOS, 5:8**

**O** que há no seu jeito de ser que é alvo de admiração das pessoas?

Não se trata de narcisismo ou vaidade excessiva, mas de autoconhecimento e autoestima.

Não é pecado gostar de si mesmo. Não é errado aceitar elogios sinceros, reconhecer que fazemos algo bem-feito e que temos qualidades.

Perceber e aceitar esse fato não é "se achar", ou ver-se melhor ou superior; é admitir que somos luz, pois Deus, ao nos criar, nos legou como herança essa luz que precisamos identificar, reconhecer e fazer brilhar.

Pessoas diversas, como instrutores, figuras cuidadoras, terapeutas e nossos pais, muitas vezes em seus comentários ao longo da nossa criação notam o que precisamos melhorar, apontam nossas falhas e isso tem a sua importância. Mas precisamos do contraponto, precisamos de quem afirme igualmente as nossas qualidades e nos faça acreditar em nosso potencial, e que vibre com nossas conquistas e celebre conosco o esforço da superação.

O que não devemos é depender disso para nos sentirmos bem em nossa própria pele.

Precisamos nos gostar à revelia de quem não nos queira bem ou sinta indiferença por nós. Precisamos nos querer bem independentemente de quem curta ou não nossas postagens, nossa roupa, nossa religião, nossa orientação sexual e nossa preferência política.

Por isso, perguntamos: O que há de melhor em você?

Olhe com mais carinho o seu mundo interno. Se entrelace consigo sem vergonha e sem culpa.

Ouça quem o ama, mude o que precisa ser mudado e acredite: o poder da transformação reside no foco sobre o positivo, na crença de que podemos e de que somos capazes.

Cuidado com o pessimismo alheio e com a sua descrença no rico e maravilhoso potencial que Deus depositou em você.

Cuidado com o vitimismo, com o derrotismo e com o catastrofismo.

Sopre para bem longe e com todas as suas forças essa nuvem escura que paira sobre a sua cabeça (faça novas previsões climáticas!).

Mudamos quando percebemos o que há de melhor em nós e encontramos um jeito próprio de usarmos as nossas forças internas. É o que nos diz a psicologia positiva!

Conheça mais histórias de sucesso.

Divulgue boas notícias.

Converse sobre mudanças que deram certo.

Cerque-se de pessoas com alto astral.

Mude o foco.

**Deixe de olhar apenas para baixo e para fora, e olhe para dentro.**

**Olhe-se no espelho e aceite-se!**

**Admire-se! Cultive-se! Cative-se!**

**Ame-se!**

*Cultivo 14*

Você gosta de desenhar? E de colorir? Há quanto tempo não faz um desenho em uma folha de papel inteirinha a seu dispor e sem se preocupar com o resultado?

É essa a proposta aqui: desenhar. Se tiver giz de cera ou lápis de cor, use também!

Sugerimos que não pense muito e que não se apegue a julgamentos ou avaliações! Apenas desenhe e seja você desenhando, livre e leve!

Curta o momento e, depois, apenas note como se sentiu durante a atividade.

Desenhar livremente, autorizando-se a exprimir espontaneamente formas e cores, pode ser um bom auxiliar no processo de autoacolhimento e autoconfiança.
Se você sentiu afinidade com a proposta, aqui vai uma valiosa dica: procure um arteterapeuta. Esse é o profissional que o auxiliará no cultivo de si mesmo por meio da arte.

## Capítulo 15
# Você se sabota?

*Vós sois o sal da terra. Ora, se o sal se tornar insosso, com que o salgaremos?*
**MATEUS, 5:13**

**"Sabotar"** tem o sentido de danificar, destruir e atrapalhar, e nos leva a agir no sentido de impedir o bom funcionamento de algo ou até mesmo a execução de um plano, de um projeto.

Outro tipo de ação destrutiva, muitas vezes inconsciente e até mais danosa pelos efeitos que gera, é a AUTOSSABOTAGEM, que pode ter muitas facetas.

Por exemplo, nós nos autossabotamos quando puxamos o "nosso próprio tapete", deixando de aceitar e até de desfrutar o sucesso obtido com esforço e perseverança.

Outro exemplo de autossabotagem é a nossa recusa em admitir que temos qualidades, habilidades e competências, fixando-nos única e exclusivamente em nossas imperfeições e nos limites que ainda não superamos. Essa postura nos faz desconfiar dos elogios que recebemos, a não acreditar que os merecemos. Duvidamos até da sinceridade de quem os expressa, pois não reconhecemos, no trabalho que realizamos, nada que seja digno de destaque.

A pessoa que se sabota perde de vista a sua singularidade. Ela não se vê como uma obra-prima divina e vive se comparando com aqueles que julga terem mais experiência, carisma, poder, dinheiro e espiritualidade, colocando-se sempre para baixo. Trata-se de um tipo de autossabotagem que anda de braços dados com a baixa autoestima.

É possível encontrar autossabotadores entre os que adoram tudo controlar, chegando ao ponto de muito sofrerem quando um pequeno detalhe foge ao seu domínio. Não conseguem se flexibilizar para aproveitar e aprender com variáveis que escapam ao seu rigoroso controle e que podem oferecer redirecionamentos importantes para as suas vidas.

Autossabotadores alimentam a ilusão de que encontrarão a perfeição em tudo e, enquanto não alcançam tal objetivo, descartam empregos, namorados, religiões, lugares e amigos, candidatando-se à solidão em face da fantasia de perfeição que conservam no modo de pensar.

Esquecem-se com facilidade de que não são perfeitos e que também já causaram decepções aos outros. Tal ilusão pode se apresentar com comportamentos arrogantes e prepotentes.

É possível encontrar também o autossabotador servil, aquele que é explorado e descartado quando não serve mais, como se faz com um objeto que perdeu sua utilidade. Nesse caso, podem surgir quadros depressivos, ideações suicidas e a convicção de que não nasceu para ser feliz.

Quando deixamos de lutar contra o que devemos aceitar e aprendemos a não aceitar o que podemos e devemos mudar, começamos a nos libertar da autossabotagem.

Fazemos o movimento de ir ao encontro da afirmação de Jesus de que somos o sal da terra, reconhecendo não apenas o nosso próprio saber, mas um saber que confere sabor, sentido e utilidade.

Isso se chama sabedoria e se trata de algo que não vem apenas com mais leitura, cursos e diplomas, mas por meio do desenvolvimento de um olhar mais atento, delicado e sem pressa acerca de quem somos, do que viemos fazer aqui e do que desejamos realizar.

**Desfrute com alegria, paz e liberdade tudo o que puder desfrutar e tente não viver "puxando o freio de mão" quando se tratar da sua própria felicidade.**

## Cultivo 15

Você já ouviu falar em "pose de poder"?

Sugerimos que você experimente uma delas: com os olhos fechados, conscientize-se do seu corpo e foque brevemente cada parte dele.

Em seguida, de pé e com as pernas afastadas, posicione suas mãos cerradas na altura da cintura. Abra o peito e eleve ligeiramente o queixo.

Conecte-se com o apoio dos pés e com a estabilidade e a presença de todo o corpo.

Permaneça nessa posição entre 1 e 5 minutos. Essa é a postura do super-herói!

Esteja atento às impressões. Quem sabe você possa repetir a experiência nos próximos dias para chegar às suas próprias conclusões?

Boa sorte!

A psicóloga e professora de Harvard Amy Cuddy obteve resultados interessantes em suas pesquisas sobre linguagem corporal. Ela afirma que 5 minutos em postura de poder pode aumentar a produção do chamado hormônio do empoderamento (testosterona) e reduzir os níveis de hormônio do estresse (cortisol).

## Capítulo 16
# Perdoar

*Pois, se perdoardes aos homens os seus delitos, também vosso Pai Celeste vos perdoará [...]*
**MATEUS, 6:14**

**N**ão é segredo para ninguém que muita gente tem grandes dificuldades para perdoar ou pedir perdão. E, para reforçar tal dificuldade, há quem afirme que perdoar é esquecer. Assim, se não consigo esquecer é porque não perdoei. É o que nos diz a tal linha de raciocínio.

Em face de tudo padronizar e pouco relativizar, acabamos nos tornando vítimas dessas maneiras de pensar.

O fato é que podemos perdoar com ou sem esquecimento das ofensas. A questão não está no deletar das memórias, no apagamento de quaisquer vestígios do que nos tenham feito, e, sim, no que elas ainda representam, no que nos fazem sentir ou ressentir.

O perdão também se exercita nos pequenos gestos que sinalizamos ao relevarmos determinados comportamentos – em casa, nas ruas, no trabalho, em ambientes religiosos –, evitando fazer tempestade em copo d´água. Mesmo porque também precisamos dos pequenos perdões às nossas faltas, que são formadas por comentários, impulsos, silêncios, olhares, pensamentos etc.

O perdoar muito rápido pode ser apenas uma forma de cumprir um preceito religioso, algo da "boca para fora". Mas pode, de fato, expressar uma capacidade maravilhosa de entender o outro com empatia e compaixão.

Quando o perdão demora muito a acontecer, é possível que o ofendido ainda não tenha elaborado o que provocou a rusga porque não quer ou não consegue, e precisará de tempo para encaminhar a situação de outro modo. Tais lembranças podem nos prejudicar a saúde, afetando nossa harmonia mental, emocional ou física.

Há quem perdoe e reestabeleça a convivência sem quaisquer ressalvas. Outros perdoam, mas não desejam manter o contato e a intimidade.

A didática do perdão comporta todas essas gradações. Cada qual perdoa em conformidade com a sua realidade interna, com o que consegue fazer. O fundamental é que sejamos verdadeiros ao lidar com tais questões.

Muito importante é que também aprendamos a pedir perdão, vencendo o nosso orgulho e cultivando o autoperdão.

Há quem passe anos se penitenciando por seus erros, em um martírio sem fim, desenvolvendo quadros depressivos, ruminando incessantemente os próprios deslizes.

Os equívocos cometidos representam experiências das quais precisamos retirar um ganho que nos faça crescer e agir diferentemente nas novas situações que a vida nos apresentar.

Punirmo-nos no isolamento, fugindo de todos, e mergulhando em vícios para não lembrar em nada facilitará a nossa reabilitação diante de nossa consciência e a dos demais.

A criança tropeça, escorrega e cai até se firmar sobre os próprios pés.

No aprendizado do cálculo e da escrita, enganamo-nos com frequência.

Nem sempre acertamos nas impressões que temos acerca de alguém.

**Perdoe! Peça perdão! Perdoe-se!**

**Perdoar nos esvazia daquilo que não nos serve.**

**É um ato de autoamor e, portanto, nos liberta!**

## Cultivo 16

Gostaríamos de convidar você para uma ação delicada e de simples execução: ofereça a si mesmo um abraço! Isso mesmo, dê-se um abraço. Mas atente aos detalhes: permita-se perceber o toque das mãos sobre os braços de maneira calorosa e gentil.

Se possível, autorize-se a manter esse toque por alguns minutos, sem fazer interpretações dessa atitude; sem julgar ou criticar.

Apenas abra espaço para sentir e fruir as sensações.

Ao terminar, responda: como se sente ao oferecer e receber esse toque, o seu próprio abraço?

Esse abraço em si mesmo é uma forma de toque calmante ou toque compassivo. Ele pode ser uma atitude de autocompaixão, ou seja, de aprender a ser afetuoso consigo mesmo.
A autocompaixão, estudada de forma pioneira por Kristin Neff,* é um campo de estudo em crescimento e sua prática tem mostrado evidências muito positivas para a saúde emocional, mental e física.
[*Kristin Neff, PhD, é pioneira na área de pesquisa sobre autocompaixão.]

## Capítulo 17
# Nossas cruzes pessoais

*Dizia ele a todos: "Se alguém quer vir após mim, renuncie a si mesmo, tome sua cruz cada dia e siga-me. [...]"*
**LUCAS, 9:23**

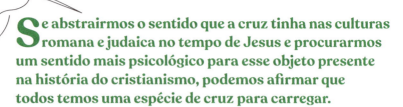

**Se abstrairmos o sentido que a cruz tinha nas culturas romana e judaica no tempo de Jesus e procurarmos um sentido mais psicológico para esse objeto presente na história do cristianismo, podemos afirmar que todos temos uma espécie de cruz para carregar.**

Isso porque nos habituamos a associar problemas e dificuldades a cruzes e fardos. Por isso, chamamos de cruz pessoal um problema crônico de saúde, um familiar difícil, uma questão financeira que se arrasta há anos, uma relação conjugal complexa, um diálogo sempre truncado com um companheiro de trabalho, uma culpa ou um ressentimento.

No entanto, quando Jesus nos convida a tomar a nossa própria cruz ele não está nos convidando a nenhum tipo de martírio, sofrimento ou renúncia ao que mundo nos oferece de bom. Além disso, tal convite antecede à sua própria crucificação.

Tomar a própria cruz à luz da psicologia junguiana é aceitar que a vida é também composta de problemas, lutas, desafios e situações que precisamos aceitar de modo dinâmico, isto é, resolvendo quando é possível e não "brigando" com elas quando simplesmente não depende de nós resolvê-las.

Aceitarmos nossa própria cruz é também admitirmos que não estamos no controle o tempo todo (que bom!), que a vida é impermanente, que "tudo muda o tempo todo no mundo" e que precisamos estar abertos para aquilo que o universo deseja nos ensinar.

Uma terceira interpretação possível é a que nos convida a constatar que somos contraditórios; que carregamos impulsos divinos e humanos; que temos alegrias e tristezas, realizações e frustrações, acertos e erros, vitórias e derrotas; e que a beleza do viver se amplia quando aceitamos e aprendemos com tal realidade.

A cruz nos acena, com a sua verticalidade, para o que transcende, o espiritual, o etéreo e o sutil, e, na sua horizontalidade, ela nos mostra o corpo, a terra, o instinto, as vidas social e profissional, e as necessidades fisiológicas que precisamos atender. É um perfeito entrelaçar daquilo que nos constitui seres humanos.

Aceitarmos o fluxo da vida assim como aceitamos a alternância do dia e da noite e das estações, as mudanças de temperatura, as paisagens diversas, as pessoas que chegam e as que partem e os diferentes ciclos do desenvolvimento de um filho ou de um casamento nos conduz à ideia de que aceitamos nossa cruz, libertando-nos, assim, da tirania de nosso ego.

**Nessa visão, a cruz deixa de ser um instrumento de punição e flagício e passa a ser uma espécie de ferramenta para o encontro conosco e a nossa libertação. Ela perde a sua feição de dor e sofrimento e ganha o status de símbolo precioso e útil, capaz de nos conduzir a uma vida mais leve, dinâmica e feliz, sobretudo em nossa relação mais íntima e sublime, aquela que estabelecemos conosco na intimidade do nosso coração.**

## Cultivo 17

Que tal se agora, sob a inspiração do texto e da maneira como foi possível se conectar com a leitura, você personalizar o desenho a seguir? Use cores, formas, palavras, recortes, texturas e o que mais você sinta que faz sentido nesse momento de sua cruz pessoal.

Se quiser, escolha uma música instrumental de sua preferência e use-a ao fundo para ambientar a atividade.

**Mãos à obra!**

Terminada a atividade, responda: como você se sentiu ao realizar essa experiência que envolveu uma criação artística?

O estímulo constante à criatividade favorece o autoconhecimento e a expressão de nossas emoções e sentimentos. Seus resultados beneficiam tanto a saúde mental quanto a física.

## Capítulo 18
## Sobre o vigiar

*Vigiai e orai para não entrar em tentação, pois o espírito está pronto, mas a carne é fraca.*
**MARCOS, 14:38**

**E**m dias de tanta violência cotidiana, corrupção, guerras, exibicionismo nas redes sociais, desagregação familiar e inversão de valores ("ter" se apresenta acima do "ser"), urge refletirmos sobre a importância da vigilância.

Mas o que é "vigiar"?

São vários os sinônimos dados para essa palavra: "observar com atenção", "olhar", "atentar", "reparar", "notar" e "contemplar", além de "espreitar" e "espionar".

"Vigiar" é um estado de atenção plena em que a ocupação tem lugar, mas a preocupação, não.

"Vigilância" não tem relação com medo, temor a algo ruim, apreensão diante de perigos, mas é um estado de alerta em que prestamos atenção às pessoas, aos lugares, ao que estamos lendo, ao teor de uma conversa, aos sabores que nos aguçam o paladar, às sensações de frio e calor diante das variações de temperatura, ao canto de um pássaro, aos sons diversos que nos chegam aos ouvidos, aos matizes registrados por nossos olhos etc.

Todos esses registros fazem parte de um estado de atenção que é bastante útil em nossas relações conosco e com as demais criaturas com as quais convivemos.

Semelhante atenção é necessária quando cuidamos de uma criança, lidamos com produtos perigosos, preparamos uma comida ou praticamos um esporte dito radical, por exemplo. O bom médico precisa estar atento ao relato dos seus pacientes; o agricultor precisa vigiar a sua plantação para evitar a infestação de pragas; e o ourives precisa atentar aos detalhes de uma joia que, com talento, faz surgir do metal precioso.

Por outro lado, há quem viva em um estado de hipervigilância, como o alarme de uma casa ou de um automóvel que dispara mesmo que não haja tentativa de furto. Nesse estado, sono, apetite, humor, pensamentos e saúde encontram-se alterados ou em vias de alteração. Trata-se de um estado patológico que requer cuidados médicos, psicológicos e espirituais.

É relevante saber que o Cristo nos tenha exortado primeiro a vigiar e, em seguida, a orar. Terapeuta de nossas almas, conhecedor profundo da psique humana e de todo o cortejo de conflitos e dilemas que nos assinalam, sabia e sabe o quanto necessitamos de pausas em nossa vida acelerada, ansiosa e cheia de horários a cumprir.

Pausas não apenas cronológicas, mas, sobretudo, psicológicas, subjetivas, pausas mentais que nos propiciem um pouco mais de quietude e desaceleração.

Pausas para nos conhecermos e nos percebermos, permitindo que nossos sentimentos sejam notados assim como fazemos com os nossos pensamentos.

Pausas para sentirmos o nosso corpo, as tensões musculares, a respiração, as sensações que nossos sentidos registram e que não demandam isolamento em abandono do mundo.

É possível fazer pausas em casa, durante uma breve caminhada, no transporte coletivo, no trabalho, ampliando nossa capacidade de auto-observação ou vigilância.

Vigilantes, não seremos escravos de pensamentos doentios, temores infundados quanto à nossa saúde e à saúde daqueles que amamos.

Vigilantes, não temeremos o futuro, vivendo não apenas o presente, o hoje, mas o agora, o instante que merece de fato toda a importância.

**Vigilantes, faremos contato com a nossa real essência, que é pura, bela, divina, e promoveremos uma gradual libertação de condicionamentos e ideias fixas, adquirindo mais saúde, bem-estar e qualidade de vida.**

**Vigiar, portanto, é retornarmos a nós mesmos, melhorando-nos por dentro e por fora; é um componente importante não apenas para o autoconhecimento, mas também para o autoamor.**

## Cultivo 18

A experiência que aqui sugerimos a você deve ocorrer durante o banho.

O momento do banho é inteiramente nosso, reservado, íntimo e cheio de possibilidades para treinarmos a nossa presença. Assim, no seu próximo banho, foque a sua atenção de volta no aqui e agora toda vez que perceber que desviou seu pensamento para outra coisa; volte a se ocupar de si mesmo. Ocupe-se do que está fazendo no momento e de como está se sentindo. Algo tão trivial e rotineiro pode parecer destituído de novidade, mas é aí que nos enganamos, pois, de tanto repetir as mesmas ações, perdemos o contato com as sensações que são peculiares a cada momento.

A seguir, damos algumas dicas que podem ajudá-lo a se concentrar. Note:

- a temperatura da água. É possível que haja gradações até que chegue à temperatura de sua preferência. Sinta isso na pele;
- a intensidade da ducha, a pressão da água sobre o seu corpo de um modo geral e em partes específicas como os ombros, por exemplo;
- a água escorrendo sobre o seu corpo;
- o aroma do sabonete que você usa. Inspire conscientemente esse aroma;
- a sensação da espuma em sua pele;
- os movimentos que você faz com as mãos para espalhar o sabonete. Possivelmente, você faz os mesmos movimentos sempre, sem se dar conta disso;
- o seu corpo sem críticas. Apenas olhe para ele, sinta-o, toque-o. Testemunhe o enxágue e, depois, a forma peculiar como você se enxuga e se veste.

Para além dessas dicas, você poderá notar detalhes e nuances que farão desse momento algo muito especial, de genuína presença.

Tomar um banho dessa forma é uma atividade de *mindfulness*: estar consciente de cada momento, de propósito e sem julgamentos ou comentários, estar presente, com atenção plena.

130 · 131

# Capítulo 19
## Você já morreu?

*Mas Jesus lhe respondeu: "Segue-me e deixa que os mortos enterrem seus mortos. [...]"*
**MATEUS, 8:22**

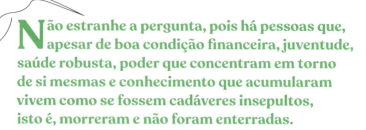

**N**ão estranhe a pergunta, pois há pessoas que, apesar de boa condição financeira, juventude, saúde robusta, poder que concentram em torno de si mesmas e conhecimento que acumularam vivem como se fossem cadáveres insepultos, isto é, morreram e não foram enterradas.

São criaturas que envelheceram por dentro e sentem que já viram tudo, foram a todos os lugares, leram todos os livros e dissecaram todos os assuntos.

Estão sempre aborrecidas e angustiadas; nada é capaz de alterar o humor delas, que acham que a vida é cinza e sem graça e não entendem o porquê de ainda estarem "por aqui".

Não vibram com a alegria de uma criança, não torcem para nada nem ninguém, não gostam de piadas, fogem de uma boa conversa, corrigem os outros a todo instante; a vida para elas é um fardo muito pesado.

São criaturas que podem estar em um estado depressivo, precisando de tratamento, mas que podem precisar muito mais de renovação interna, reencantamento com a vida e criação de novas metas a fim de superarem tal morbidez.

A vida é uma dádiva, um presente de Deus para nós! E o que fazemos dela é o nosso presente para Ele.

Viver ruminando frases – fazendo caras e bocas –, atitudes e lembranças de um passado que não retornará é perder tempo; é deixar escapar possibilidades maravilhosas de aprender, descobrir e repartir nossas conquistas, abraçar antigos afetos e criar amizades.

Todos os dias o sol nos convida a despertar, não apenas para os trabalhos profissional e doméstico, mas despertar do sono existencial que nos impede de ver beleza nas coisas mais simples.

Já foi dito que viver é simples, nós é que complicamos tudo. Complicamos a nossa vida e a vida dos outros com tantas queixas, murmurações, descrenças, insatisfações e mau humor.

Despertar é mudar o jeito de olhar para si mesmo, é acordar a gratidão dentro de si e revelá-la em um sorriso, em um pensamento de confiança, em uma palavra, em um gesto despretensioso. É esvaziar-se!

Esvaziemo-nos do lixo emocional que temos acumulado com tantas mágoas, desencantos e ressentimentos.

Esvaziemo-nos das certezas engessadas, do pessimismo justificado como realismo e senso crítico. Isso não é clareza e conhecimento, é analfabetismo emocional!

Recicle o seu lixo psíquico antes que ele se transforme em algo ainda mais perigoso!

**Busque a magia que há em cada dia de luta e adversidade.**

**Não se trata de autoajuda, autossugestão, enganação, efeito placebo ou milagre, mas de despertamento e cuidado consigo mesmo.**

**Não viva como quem já morreu! Desperte!**

## Cultivo 19

Em meio às múltiplas experiências que vivemos em nossos dias, sejam elas rotineiras, sejam eventuais, nem sempre nos damos conta de quais delas nos deixam mais energizados e quais nos desvitalizam.

Ir a certos lugares, conversar com determinadas pessoas, conectar-se a *sites* e perfis de redes sociais, consumir leituras, músicas, alimentos... Há uma infinidade de situações que, se observadas e sentidas mais atentamente, podem sinalizar estados físicos e mentais que podem requerer cuidados.

Às vezes, o mesmo hábito se mostra energizante se praticado em um determinado horário e "desenergizante" se praticado em outro.

Notar como nos sentimos antes, durante e depois de fazer algo, ou de estar com alguém ou em certo lugar, é um caminho interessante de autopercepção.

Preencha o quadrinho a seguir no decorrer dos dias, conforme você vá se dando conta dos hábitos e situações que o despertam e daquelas outras que o deixam sem energia.

| ENERGIA ALTA ▲ | ENERGIA BAIXA ▼ |
|---|---|
| Hábitos | Hábitos |

Ao tomar consciência de quais hábitos nos vitalizam e desvitalizam poderemos fazer novas escolhas com mais lucidez e autonomia.

Capítulo 20
## Você se culpa?

*Como persistissem em interrogá-lo, ergueu-se e lhes disse: "Quem dentre vós estiver sem pecado, seja o primeiro a lhe atirar uma pedra!"*
**JOÃO, 8:7**

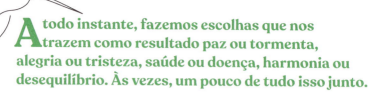

A todo instante, fazemos escolhas que nos trazem como resultado paz ou tormenta, alegria ou tristeza, saúde ou doença, harmonia ou desequilíbrio. Às vezes, um pouco de tudo isso junto.

Errar e acertar fazem parte do viver, do evoluir. Só não erra aquele que nada faz, nada diz, nada tenta, permanecendo parado, sem sair do lugar.

Martirizarmo-nos por um ou mais erros cometidos não nos conduzirá a um novo estado de espírito, apenas reforçará a nossa sensação de pesar, retroalimentando o desconforto.

Quem se culpa, punindo-se incessantemente, candidata-se a um processo depressivo e obsessivo que poderá demandar tempo para ser curado.

Há quem se culpe pela falta de dinheiro, pelo comportamento de um filho, pela enfermidade de um parente, pelo fim de um relacionamento, pela poluição no planeta, pela crise política do país, pelo emprego que perdeu, pela reprovação em um concurso, pelo ganho de peso corporal, pela morte do outro etc. E quando se cura e se perdoa por algo, neuroticamente trata de arrumar outra culpa, pois não consegue viver com leveza nem sustentar o seu bem-estar.

A culpa é um excelente despertador, porém, uma péssima companhia!

A palavra "pecado" – *harmatia* no idioma grego, muitas vezes citada na *Bíblia* –, significa "errar o alvo". Ora, quando em um treinamento ou em uma competição esportiva alguém mira um alvo e não consegue acertá-lo, diz a lógica que tentará novamente, em movimentos sucessivos, até atingi-lo.

Se o Cristo apontou, para aquela mulher e para tantas outras criaturas, a possibilidade de um recomeço, reconhecendo que os erros oferecem aprendizados importantes, também precisamos nos conceder novas chances, dar-nos a oportunidade de tentar de novo tudo o que for possível para nos "aproximarmos do alvo".

Culparmo-nos sempre por tudo não faz o tempo voltar nem muda o panorama de nossa vida.

Demonstremos arrependimento como quem descobre ter tomado o caminho errado e decide refazer o percurso, e não como quem, percebendo-se em equívoco, chora, lamenta, isola-se e se pune.

**Viver é provar, saborear, descobrir, construir, elaborar, decidir e aprender no exercício de cada um destes verbos maravilhosos.**

**Admitamos os nossos erros para nós mesmos e para os outros, mas não esqueçamos de nossos acertos e conquistas, enfatizando e usando nossas energias para consertar, refazer e reconstruir (verbos também maravilhosos).**

**Eis a meta a ser alcançada; eis o "alvo" a ser atingido.**

# Cultivo 20

O que você acha da ideia de ler uma poesia? Pois este é o convite que temos a fazer agora.

Faça uma leitura silenciosa ou em voz alta, do seu jeitinho, bem original. A poesia é de sua livre escolha, mas deixamos a seguir uma sugestão, caso precise.

Após a leitura, apenas observe como se sente!

## O FAZEDOR DE AMANHECER (MANOEL DE BARROS)

Sou leso em tratagens com máquina.
Tenho desapetite para inventar coisas prestáveis.
Em toda a minha vida só engenhei
Três máquinas
Como sejam:
Uma pequena manivela para pegar no sono.
Um fazedor de amanhecer
para usamentos de poetas
E um platinado de mandioca para o
fordeco de meu irmão.
Cheguei de ganhar um prêmio das indústrias
automobilísticas pelo Platinado de Mandioca.
Fui aclamado de idiota pela maioria
das autoridades na entrega do prêmio.
Pelo que fiquei um tanto soberbo.
E a glória entronizou-se para sempre
em minha existência.

Pesquisas recentes mostram que ler, ouvir e escrever poesias pode ser benéfico para a saúde mental, promovendo alívio nos sintomas de estresse e depressão, além de redução da dor. A poesia também parece contribuir para a manutenção da memória e do humor.

## Capítulo 21
# Você tem problemas?

*Vós sois a luz do mundo.*
**MATEUS, 5:14**

**D**ificilmente haverá alguém na face da Terra que não tenha problemas.

Há momentos em que nós os criamos em razão de alguma precipitação, ignorância ou teimosia, e há ocasiões em que eles vêm ao nosso encontro, mesmo que não os tenhamos voluntariamente procurado. Quando surgem, desafiam-nos a paciência, a fé, a resignação e a perseverança.

Paciência, pois, dotados de alguma serenidade, conseguiremos "ter cabeça" para pensar no melhor caminho para resolvê-los.

Fé para voltarmo-nos para Deus e para as forças nas quais acreditamos, na certeza de que não estamos sozinhos nesse enfrentamento, além da confiança em nossa capacidade de resolver o que nos perturba.

Resignação a fim "aceitarmos" os problemas, isto é, não brigarmos com eles, não criarmos litígio ou conflito maior com a situação, aumentando ainda mais as dificuldades.

Perseverança para que a aceitação inicial se transforme em vontade de resolução, em tentativas sucessivas de mudança com os meios e recursos de que dispomos.

Problemas são uma fonte de crescimento quando aprendemos a lidar com eles sem vitimização, culpa ou transferência de responsabilidade.

É também muito importante não subestimarmos a nossa capacidade, esquecendo-nos das inúmeras vezes que enfrentamos situações difíceis e conseguimos nos sair bem. Temos um histórico a nosso favor; já atravessamos outros desertos, mares revoltos, outras noites escuras. Já passamos por outras tempestades, deparamo-nos com a solidão e sobrevivemos...

A rigor, três aspectos se sobressaem quando pensamos na relação que as pessoas estabelecem com as suas dificuldades, ou seja, com os seus problemas.

O primeiro está relacionado a quem de fato tem problemas: de saúde, financeiros, de moradia, de enfrentamento de violência, com familiares difíceis, vícios, dependências etc.

O segundo diz respeito a outras pessoas, as que pensam ter problemas quando, na verdade, a questão reside na maneira como lidam com as situações do dia a dia. Elas precisarão aprender a olhar para si mesmas e a alterar o jeito como filtram a realidade.

Por fim, o terceiro aspecto está relacionado às pessoas que são os problemas. Nesses casos, é possível que mudem de nacionalidade, de casa, de comportamento sexual, que troquem de nome e profissão, de time de futebol, de gosto musical e ainda assim sigam problemáticas onde quer que estejam e com quem quer que se relacionem. O "X" da questão é que elas não se reconhecem problemáticas e, por isso, desejam sempre mudar os outros.

**Lembre-se de que um dia um homem simples afirmou que somos a luz do mundo e nos pediu que fizéssemos brilhar a claridade oriunda da centelha que nos anima.**

**Quem acende um fósforo é o primeiro a se iluminar.**

**Use a sua luz, resolva os seus problemas.**

## Cultivo 21

A experiência que propomos a seguir envolve a escrita. Mas, diferentemente das que sugerimos antes, esta requer de você que a realize durante 1 mês. Não se trata de nada complexo, nem de algo que consumirá demais o seu tempo.

Convidamos você a anotar, antes de dormir, uma razão pela qual se sinta genuinamente grato.

**HOJE ME SINTO GRATO POR:**

Essas anotações podem ser feitas sequencialmente em um caderno para esse uso específico. Você também pode usar pequenos pedaços de papel e colocá-los dentro de um pote vazio. Conforme a sua escolha, você iniciará um "Caderno de gratidão" ou um "Pote de gratidão".

Esteja disponível para identificar as suas razões e escrevê-las com simplicidade e honestidade, mas tente não repeti-las ao longo do mês. Por mais que no dia seguinte você também se sinta grato pela razão da véspera, observe um pouco mais as recordações do dia ou até mesmo o momento presente e escreva a partir daí, mesmo que seja algo bem simples. Uma dica: coisas consideradas simples, via de regra, compõem muito bem essa atividade.

Seja perseverante no intento, a fim de que, ao final desse mês, você possa reler 30 anotações.

Repare em como se sente a cada dia, a cada anotação. Note as diferenças entre a disposição em escrever nos primeiros dias e em fazê-lo nos últimos dias do mês. Por fim, reflita sobre a experiência de reler os 30 motivos que o fizeram se sentir grato.

Estudos em neurociência apontam que a sensação de gratidão acende os neurotransmissores de bem-estar, serotonina e dopamina, e diminui os níveis de hormônios como o cortisol, associado ao estresse.

Capítulo 22
## Calma

*O homem paciente é cheio de entendimento,
o impulsivo exalta a idiotice.*
**PROVÉRBIOS, 14:29**

**A**gir com calma não é sinônimo de não ter atitude. É saber o que fazer, como fazer e quando agir.

É evitar a precipitação na análise de um problema ou uma situação, abrindo espaços mentais para refletir, silenciar e decidir com equilíbrio.

É viver sem "atropelar" os outros e a si mesmo com gestos impulsivos e julgamentos constantes.

É ser mais contemplativo e menos ruminativo.

É meditar mais e reclamar menos.

É focar mais o que se tem, o que se pode ter, e menos o que não se obteve ou que se perdeu.

É ter mais leveza, estabelecendo consigo e com o universo uma relação com mais harmonia e menos litígio.

Agir com calma não é cruzar os braços, é abri-los para um abraço longo e afetuoso em si mesmo, nos demais, em todos os seres, valorizando cada instante em que podemos respirar, tocar, ver, ouvir e sentir.

É poder ouvir a canção do riacho.

A melodia da chuva.

O canto dos pássaros.

A sinfonia das estrelas.

O coral das cigarras.

A alegria das abelhas na colmeia.

É perceber o prazer no encontro da borboleta com a flor.

É sentir a alegria das crianças brincando.

Permita-se uma vida sem tanta pressa e aceleração mental.

Desate os nós internos e crie laços.

Entre em um novo compasso, o de se amar.

**Cultive-se como quem cuida de um jardim, protege uma criança, zela por um ente querido, preserva uma amizade, rega uma roseira, come uma fruta tirada do pé.**

**Você pode! Você consegue!**

**Viver com calma é criar consigo mesmo uma linda e apaixonante história de amor e, o que é melhor, com um final feliz!**

# Cultivo 22

A atividade neste capítulo inclui tirar os sapatos. Isso mesmo, ficar descalço e caminhar calmamente sobre a terra, a areia ou a grama!

É possível que você não consiga fazer isso neste exato momento, mas será maravilhoso poder colocar a sugestão em ação.

Imediatamente ou em uma oportunidade que você possa criar nos próximos dias, experimente andar sem calçados em meio à natureza, desfrutando das sensações peculiares nas solas dos pés e em todo o corpo. Nesse instante, não será tão útil pensar sobre a experiência, mas realmente sentir, perceber, estar presente.

> Há estudos que sinalizam que andar na terra com os pés descalços em uma espécie de "aterramento" parece influenciar positivamente alguns aspectos de nossa saúde, como sono, dores e inflamações, além de provocar um sentimento de bem-estar. Há diferentes técnicas do chamado *grounding* que certamente podem favorecer o cultivo do equilíbrio e de certa estabilidade.

154 · 155

*Capítulo 23*
# Pensamentos

*E não vos conformeis com este mundo, mas transformai-vos, renovando a vossa mente, a fim de poderdes discernir qual é a vontade de Deus, o que é bom, agradável e perfeito.*

**ROMANOS, 12:2**

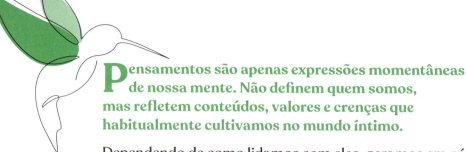

**Pensamentos são apenas expressões momentâneas de nossa mente. Não definem quem somos, mas refletem conteúdos, valores e crenças que habitualmente cultivamos no mundo íntimo.**

Dependendo de como lidamos com eles, geramos em nós saúde ou doença, alegria ou tristeza, paz ou tormenta.

Pensando, sentindo e agindo, criamos uma identidade perante as pessoas e uma autoimagem que passa a nos acompanhar.

Não temos como parar de pensar; podemos, sim, diminuir a quantidade de pensamentos e selecionar melhor os temas com os quais ocupamos a nossa vida mental.

É possível ampliar os intervalos entre um pensamento e outro por meio de práticas meditativas, e fazer pausas que melhorem significativamente a nossa qualidade de vida.

Muito útil é disciplinarmos a mente para estarmos inteiros e plenos onde o corpo se encontra, permanecendo o máximo possível no aqui e agora. Diminuir o número de vezes e a intensidade com que sofremos por antecipação, imaginando tragédias e desfechos ruins, pode ser um bom começo.

Pensar positivamente, acreditando no melhor, sem ingenuidade e alienação, com os pés no chão e senso de realidade favorece um clima interno propício até para lidar com o que foge ao nosso controle.

Aliás, quem disse que temos controle sobre tudo?

**A ilusão produzida por certos pensamentos faz com que acreditemos em controle e autossuficiência, desconectando-nos da vida coletiva, da empatia e da solidariedade, e fragilizando o nosso eu verdadeiro e profundo. Ela nos coloca em rota de colisão conosco e gera caos!**

**Mas ainda dá tempo de mudar. Pensar nisso que você acabou de ler já é um primeiro e importante passo nessa direção.**

## Cultivo 23

Convidamos você a testemunhar os seus pensamentos.

A técnica que utilizaremos se chama "Oi, obrigado e tchau".

Coloque o despertador do seu celular para tocar daqui a 5 minutos. Feche os olhos e ponha-se apenas a observar os seus pensamentos. A cada pensamento que surgir, diga, com bastante clareza de intenções: Oi, pensamento! Obrigado, pensamento! Tchau, pensamento!

Durante essa atividade é bem possível que você tenha a oportunidade de notar seus pensamentos com mais clareza e menos envolvimento.

Quando dizemos "Oi, pensamento", reconhecemos o pensamento como tal, reconhecemos o seu surgimento.

Quando dizemos "Obrigada, pensamento", deixamos claro que é bom e muito útil que a mente pense, mas que, apenas naquele momento, desejamos não nos apegar a ele.

Quando dizemos "Tchau, pensamento", despedimo-nos, autorizando-o a ir embora.

> Essa técnica, comumente utilizada em vivências de *mindfulness*, é um recurso que nos auxilia no processo de reconhecer que não somos os nossos pensamentos, de que alguns deles são verdade e outros, não, e de que alguns são úteis em certos momentos e em outros, não. Isso pode contribuir fortemente para que tenhamos mais discernimento e lucidez.

## Capítulo 24
## Você anda distraído?

*Com efeito, que aproveita ao homem ganhar o mundo inteiro, se se perder ou arruinar a si mesmo?*
**LUCAS, 9:25**

**Você anda distraído de si mesmo, do que é essencial?**

Aliás, o que é essencial?

Essencial é estarmos bem conosco, em paz com nossa própria consciência, nutrindo a autoestima com bons pensamentos, tentando ver a nós mesmos e aos nossos semelhantes com alguma serenidade.

Distraídos disso, corremos o sério risco de perdermos o endereço de nós mesmos, "estarmos em tudo" com todos e distantes de nós mesmos, sentindo uma profunda solidão existencial. Distraídos, vivemos rotinas de automatismos, com uma sensação incômoda de inadequação por estarmos em nossas própria pele e sermos quem somos. Distraídos, elegemos culpados, carregamos mágoas, vitimamo-nos o tempo todo. E pensamos exclusivamente em nosso próprio umbigo.

Iniciar um novo ano, uma nova idade, um novo ciclo é uma oportunidade de repensar o que temos feito, o que desejamos ser e fazer dali para a frente, com foco e S-I-M-P-L-I-C-I-D-A-D-E! É uma rearrumação interna!

Há um nível de distração que é útil por nos ajudar a desopilar o fígado: rir com amigos, assistir a um divertido desenho animado, ouvir, cantar e dançar uma música sem ter que interpretar a letra e chegar a conclusões.

Presos a redes sociais e sem tempo para uma boa leitura, uma boa conversa, uma xícara café com alguém querido, uma caminhada leve, uma pausa para orar, para fazer silêncio e apenas observar, respirar e sentir, corremos o risco de continuar na "roda viva" citada por Chico Buarque em sua linda canção.

Selecionemos as sementes, plantemos, cuidemos, e a colheita chegará reconectando-nos a nós mesmos, trazendo junto com ela o prazer perdido, a alegria esquecida, a vida que um dia se foi e que pode e deve ser reencontrada dentro de nós...

Comecemos!

## Cultivo 24

Quando éramos crianças, costumávamos estar inteiramente presentes em nossas próprias vidas, completamente entregues ao aqui e agora, com simplicidade e curiosidade genuínas. Costuma ser assim com crianças pequenas, em geral até os 5 anos de idade.

Nesta atividade, convidamos você a buscar a experiência de observar crianças pequenas brincando. Faça isso deliberadamente. Escolha o momento e realmente se dedique por um tempo mínimo de 15 minutos a isso. Talvez você tenha filhos, netos, sobrinhos ou filhos de amigos para observar. Se não tiver, quem sabe haja nas proximidades de sua casa uma pracinha ou um parquinho infantil no seu prédio. Busque testemunhar cada percepção sem se entregar a julgamentos. A nossa intenção não é comentar as posturas das crianças e muito menos interferir nelas.

Terminada a atividade, apenas note como se sentiu durante a observação e depois dela.

> Esta atividade nos possibilita treinar o olhar observador. Quando dirigimos o olhar para um grupo de crianças pequenas brincando, podemos contemplar uma fase da vida pela qual já passamos em uma espécie de "recordação" das posturas de presença e simplicidade que já tivemos um dia. Talvez, a observação atenta possa nos motivar a resgatar essas virtudes na vida adulta.

Capítulo 25
## Abertura

*Se alguém está em Cristo, é nova criatura. Passaram-se as coisas antigas; eis que se fez realidade nova.*
**2 CORÍNTIOS, 5:17**

# Abra-se para:

- aprender o que não sabe;
- rever um ponto de vista;
- desprender-se de um preconceito;
- desapegar-se de um objeto;
- desculpar uma ofensa;
- pedir desculpas por um equívoco;
- viver novas experiências;
- provar novos sabores;
- romper certos tabus;
- libertar-se de ressentimentos com certos fatos;
- conhecer lugares diferentes;
- olhar uma paisagem por novos ângulos;
- reler etapas de sua própria história;
- ouvir com mais paciência;
- falar com simplicidade;
- deixar de engolir sapos o tempo todo;

- pensar mais em saúde do que em doença;
- rir com mais frequência;
- apenas contemplar, sem querer entender;
- recordar o que deu certo;
- exercitar mais a gratidão;
- criticar menos, propor e ajudar mais;
- andar na chuva;
- mirar mais o céu e menos o celular;
- brincar como criança;
- falar de outros temas além dos acadêmicos;
- compartilhar silêncios;
- sorrir sem intenções ocultas;
- abraçar com vontade;
- cantarolar uma música bonita;
- decorar uma poesia;
- **resgatar o encanto, o sentido e a direção de sua própria vida.**

## Cultivo 25

O texto sugere diferentes circunstâncias e necessidades de abertura, em um total de trinta e dois tópicos.

Sugerimos que você o releia e anote a seguir cinco tópicos para os quais que você considere que já tem abertura ou para os quais ela esteja a caminho, e cinco tópicos para os quais você considere que ainda não tem abertura mas gostaria de ter.

Escolha cinco tópicos para os quais você considere que já tem alguma ou bastante abertura:

1

2

3

4

5

**Escolha cinco tópicos para os quais você considere que ainda não tem abertura, mas gostaria de ter:**

1

2

3

4

5

> Parabéns por ser capaz de reconhecer que, em seu processo de cultivo de si mesmo, você tem mantido certa abertura para esses tópicos que citou. Como se trata de um processo contínuo, a tendência natural será a de mais florescimento, conforme você persevere! Parabéns também por ser capaz de identificar a possível necessidade de mais abertura em alguns assuntos neste momento de sua caminhada. Encontrar estratégias para cultivar amorosamente essa abertura será um passo importante.

## Capítulo 26
## Vazios

*Iahweh será teu guia continuamente e te assegurará a fartura, até em terra árida; ele revigorará os teus ossos, e tu serás como um jardim regado, como uma fonte borbulhante cujas águas nunca faltam.*
**ISAÍAS, 58:11**

A vida nos propicia inúmeras situações com vazios: a despensa de casa no fim do mês; as panelas depois de um delicioso almoço; a conta bancária dias após o recebimento do salário; a casa quando os filhos crescem e se mudam; um vaso que nos convida a preenchê-lo com flores; a saudade de quem esteve presente e agora está ausente.

Vazios nos acompanham o tempo todo...

Não são em si algo ruim.

Eles permitem a passagem do ar, o nosso deslocamento pelos ambientes, as ultrapassagens nas estradas, as novas arrumações de objetos em um determinado espaço, os intervalos entre os pensamentos.

Quando presentes em nossa alma, tais vazios indicam a necessidade de preenchimento com sentimentos genuínos que, ao serem desenvolvidos e cultivados, trazem saciedade, prazer, contentamento duradouro e uma certa sensação de felicidade feita de serenidade.

Há quem viva tão cheio de tanta coisa que precise urgentemente desses espaços, de vazios que possibilitem uma nova decoração interna, com o nosso ambiente íntimo tendo mais luz e a nossa própria sombra sendo aceita, tendo o seu lugar de existir e cumprindo o seu importante papel.

Para isso, é preciso desentulhar a alma e esvaziar sentimentos acumulados, mágoas guardadas, culpas trancadas, ressentimentos regados e fixações aderidas, ressignificando lembranças antigas e revendo certas prioridades.

Preencher-se não é simplesmente trocar uma coisa por outra; é eleger o que nos nutre, tecendo novos caminhos para dentro e para fora, e manter a abertura para aprender, ensinar, trocar...

Preencher-se é preservar os vazios úteis e necessários.

É rever os acúmulos sem sentido.

É saborear os intervalos entre as experiências.

É decifrar os ciclos.

É aceitar o não saber apesar da ânsia de saber.

É ouvir as intuições.

É sentir, além de apenas pensar.

**Cultive vazios. Faça um canteiro para eles e deixe que floresçam novas estradas, leituras, pessoas, canções e descobertas.**

*Cultivo 26*

A experiência sugerida para este capítulo pede que você vá ao encontro de alguém em um gesto de doação ou autodoação.

A seguir, algumas sugestões (talvez você possa se interessar por algumas delas).

- **Visite um asilo de idosos e converse com eles, ouvindo algumas de suas histórias com interesse.**
- **Visite um abrigo de crianças para brincar e conversar com elas.**
- **Prepare e ofereça um lanche simples ao porteiro do prédio em que você mora.**
- **Prepare e ofereça um doce, frutas ou uma sopa a um amigo ou conhecido que esteja vivendo um processo de convalescença.**
- **Separe alguns itens novos de higiene pessoal, como um frasco de xampu, um sabonete, um creme hidratante, um pacote de absorvente, um pente, um batom. Caso tenha uma bolsa em bom estado e que não esteja usando há bastante tempo, coloque os itens que separou dentro dela e, quando sair de casa, ofereça-a para uma mulher em situação de rua ou que o aborde pedindo auxílio.**
- **Tome a iniciativa de oferecer, em uma associação de moradores, ONG ou templo religioso, uma habilidade ou formação que você tem e que gostaria de compartilhar de forma voluntária, de doação. Dependendo do que seja, você pode oferecer por um único dia (por exemplo, organizar e orientar uma oficina de leitura, de escrita ou de artesanato; ministrar uma aula de matemática ou uma palestra na área de saúde; oferecer um trabalho de marcenaria ou a limpeza de um espaço).**

Use o espaço reservado a seguir para sugerir outras atividades de doação ou autodoação:

A sensação de bem-estar que experimentamos quando fazemos o bem é fisiológica. Ela é um indicador de redução de estresse e contribui para o nosso equilíbrio emocional. Resumindo: fazer o bem faz bem!

## Capítulo 27
# Repouso

*Vinde a mim todos os que estais cansados sob o peso do vosso fardo e vos darei descanso.*
**MATEUS, 11:28**

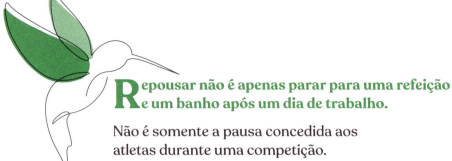

**R**epousar não é apenas parar para uma refeição e um banho após um dia de trabalho.

Não é somente a pausa concedida aos atletas durante uma competição.

Não é algo que se limita a uma noite de sono profundo na cama querida.

Repousar não se restringe a relaxar na rede preferida, à liberdade de se deitar em um gramado ou a se esparramar nas areias brancas de uma praia (prazeres maravilhosos!).

É muito mais do que isso...

.

Repousar é um asserenar de ansiedades e um diminuir de expectativas.

É um aquietar-se a fim de ouvir sons ignorados.

É cortar com alegria algumas amarras do passado.

É perceber a própria respiração diante do que lhe cerca e constitui.

É ter a paz de criança dormindo e a delicadeza de orvalho na flor.

.

É perder o anseio frenético de ficar rico e se dar conta das próprias riquezas internas.

É perder a pressa de evoluir, evoluindo no modo como se afere a própria evolução.

É perder a noção de tempo cronológico para viver mais em um ritmo próprio.

É se libertar do anseio escravizante de tudo querer controlar.

.

Repousar é aceitar a própria ignorância, desejando sempre aprender.

É a desconstrução da falsa imagem de pecadores e da equivocada noção de santidade para sentir-se filho da luz, portador de potencialidades divinas, desconhecidas e inexploradas.

É começar a ver as estrelas que sempre existiram no céu interior.

É poder sair do litígio para a aceitação e do conflito para a compreensão, sendo grato a esses mesmos litígios e conflitos.

.

**Repousar é assim: um ver-se por dentro e por fora, raro e comum, único e plural, humano e ao mesmo tempo divino...**

**Vamos repousar?**

# Cultivo 27

Agora, sugerimos a você uma prática de origem milenar que promove um peculiar efeito relaxante: o escalda-pés.

Propomos a você que o faça como um ritual de autocuidado, de atitude consciente com a finalidade de oferecer a si próprio algo agradável e terapêutico.

Em um bom ritual, atenção e presença são fundamentais durante cada um dos passos. Então, selecione o primeiro ingrediente do seu: gentileza para consigo mesmo.

Você precisa de uma bacia para colocar os pés e de água em temperatura entre morna e quente em quantidade suficiente para cobri-los. Observe com cuidado se a temperatura da água não está muito alta para não correr o risco de se queimar.

Selecione o local em que fará o escalda-pés. Se puder e quiser montar um ambiente mais acolhedor, escolha um lugar confortável e com luz baixa, e coloque para tocar uma música instrumental ou sons da natureza.

Lembre-se de ter próximo a você uma toalha para enxugar os pés ao final da experiência.

Com tudo providenciado, sente-se e, delicadamente, coloque seus pés na água, vivendo e sentindo cada instante das sensações. Permaneça com os pés imersos por um período de 10 a 15 minutos!

Se desejar, acrescente óleos essenciais, ervas ou sal grosso como ingredientes terapêuticos. O uso de bolinhas de gude pode ser útil para massagear as solas dos pés durante a imersão.

De acordo com a medicina tradicional chinesa, o escalda-pés auxilia na distribuição das energias como forma de manter o equilíbrio fisiológico de nosso corpo.

### Capítulo 28
# Você é humilde?

*Em virtude da graça que me foi concedida, eu peço a todos e a cada um de vós que não tenha de si mesmo um conceito mais elevado do que convém, mas uma justa estima, ditada pela sabedoria, de acordo com a medida da fé que Deus dispensou a cada um.*
**ROMANOS, 12:3**

A palavra "humildade" vem da palavra grega *húmus*, que significa "terra".

É sobre a terra que nos apoiamos, firmamos nossos pés.

A humildade cria em nós uma base que nos confere segurança, autoconfiança; jamais presunção ou arrogância.

É da terra que surgem os alimentos que nutrem e vitalizam o nosso corpo.

A humildade nos alimenta da certeza de que somos todos interdependentes.

A terra é rica em minerais diversos que, extraídos e transformados, acrescentam conforto e bem-estar à nossa vida.

A humildade pressupõe reconhecer e respeitar a diversidade, as diferenças, e estar aberto a aprender com elas, percebendo o quanto a própria natureza e o universo assim se apresentam.

Do húmus, de certa forma, vem a água doce e potável, essencial para que haja vida na Terra.

Ser humilde é reconectar-se com a parte essencial de si, reencontrando a própria fonte interna, sagrada e divina, ignorada ou esquecida. É poder saciar a sede de paz e simplicidade, e ver a vida com mais naturalidade.

A terra também nos comunica o seu silêncio, a sua beleza e a sua fertilidade.

A humildade não nos faz querer falar o tempo todo. Ela ensina a importância do silenciar que nos faz ouvir melhor, entender melhor e agir melhor.

**A pessoa humilde fecunda as suas relações, estimulando o florescimento de quem a rodeia ao descomplicar e aceitar melhor o fluxo de tudo.**

**É uma virtude fértil que semeia, aduba e rega outras qualidades que dela decorrem. Com humildade, podemos ir além do ponto em que chegamos.**

**Assim, não querermos parecer o que não somos e não pretendermos qualquer superioridade ou inferioridade é dar passos firmes e decisivos para o desenvolvimento da humildade.**

## Cultivo 28

Em situações de nossa vida cotidiana, a humildade pode fluir naturalmente, sem nem sermos capazes de notar que houve, aqui e ali, um cenário potencialmente desagradável. Às vezes, uma situação não quer dizer nada para algumas pessoas, mas para outras pode significar um ponto de humilhação, que pode despertar sensações que vão desde um desconforto passageiro até um sofrimento extremo.

Tente se lembrar se já passou pela circunstância apresentada a seguir. Depois, escolha a alternativa que descreve melhor a sua forma usual de se sentir e de reagir.

Em uma conversa com um grupo de pessoas, quando alguém menciona uma informação mais atualizada e abalizada sobre o que você acabou de dizer, você:

| | |
|---|---|
| (a) | sente-se humilhado e com vontade de sumir |
| (b) | sente-se envergonhado e diminui suas participações na conversa, receoso de falar algo superado |
| (c) | fica momentaneamente constrangido, mas volta a conversar com espontaneidade |
| (d) | sente-se satisfeito pela oportunidade de expandir seus conhecimentos sobre o tema após a fala da outra pessoa e mantém naturalmente a conversa |

Independentemente da opção que você assinalou, o fato de ter sido capaz de identificar a sua forma mais usual de se sentir e reagir em uma situação como a descrita denota a sua capacidade de autopercepção. Proponha-se, caso queira, a expandir as percepções sobre si mesmo em outras situações ordinárias da vida, de maneira honesta e simples.

*Capítulo 29*
*Frestas*

*Eu vos disse tais coisas para terdes paz em mim. No mundo tereis tribulações, mas tende coragem: eu venci o mundo.*
JOÃO, 16:33

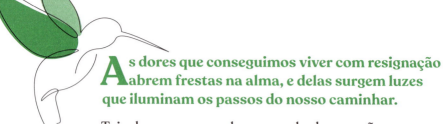

**A**s dores que conseguimos viver com resignação abrem frestas na alma, e delas surgem luzes que iluminam os passos do nosso caminhar.

Tais dores geram sulcos no solo do coração, espaços que aguardam sementes e carregam esperas de florescimento.

As frestas afastam nuvens escuras, impedindo a morte interna e nos ressuscitando para a vida; gestam a renovação depois da tempestade.

Como as uvas amassadas que produzem o vinho ou o trigo triturado que gera o pão, certas dores nos transformam e nos marcam para sempre. Em alguns casos, requerem a quietude e o recolhimento de uma lagarta protegida em seu casulo. Em outros, que façamos o silêncio das montanhas, contemplando os vales, ou que tenhamos o desprendimento das folhas, lentamente separadas dos galhos e levadas pelo vento rumo ao chão.

As frestas podem gerar uma força desconhecida e gigante, como a de certas ondas que se alteiam no mar.

De posse de tais frestas, conseguimos enxergar melhor o que está fora e o que está dentro. Alteramos a lente, ressignificando olhares, valores e prioridades.

Assim, a revolta vira aceitação.

O conflito cede lugar à paz; o temor, à coragem; a fuga, ao encontro.

Assim, a ansiedade aceita aos poucos a presença da serenidade, a lágrima convida o sorriso para dançar, e o sofrimento aceita o abraço de esperança.

**Por essas frestas na alma é que o sol entrará, e uma nova vida surgirá dessa vida que temos.**

**Não lamente nem lute contra elas, a frestas; aceite-as, simplesmente, e novas cores serão acrescentadas nas suas paisagens internas, e um novo sopro trará mais sabor, mais saber e mais sentido para o seu existir.**

## Cultivo 29

Que tal você praticar um exercício respiratório?

Esta atividade se chama "respiração quadrada" ou "respiração dos 4 tempos".

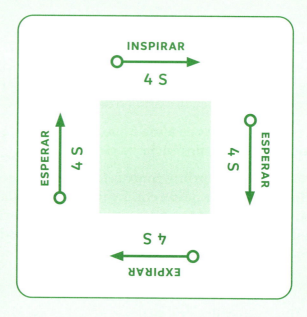

Esse exercício consiste em inspirar em 4 segundos, sustentar os pulmões cheios por 4 segundos, expirar em 4 segundos e sustentar os pulmões vazios por 4 segundos.

Para realizá-lo, é importante sentar-se com a coluna ereta, mas sem tensioná-la, e com os ombros alinhados. Mantenha a respiração nasal, silenciosa, lenta e diafragmática. Ao relaxar os músculos abdominais você poderá notar a expansão dessa parte do corpo ao inspirar e a sua retração ao expirar.

Repita o exercício ciclicamente de 5 a 10 vezes.

A respiração quadrada é uma excelente ferramenta para aliviar o estresse e a ansiedade, pois melhora o nosso estado de presença e ativa a calma.

196 • 197

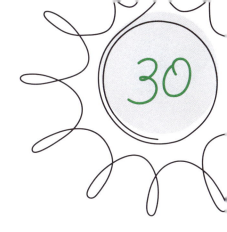

## Capítulo 30
## Consciência

*Eis por que também eu me esforço por manter
uma consciência irrepreensível constantemente,
diante de Deus e diante dos homens.*
**ATOS, 24:16**

**H**á quem diga que a consciência é a voz amorosa e sábia que nos conduz ao encontro de nós mesmos.

Outros afirmam que ela é a presença divina que brilha como uma estrela guia na noite escura de nossos desencontros e incertezas.

Alguns a identificam como um sentido íntimo, que nos recorda, a todo instante, do significado da vida.

Também algumas tradições pontuam que não temos uma consciência e que, na verdade, somos uma em evolução, buscando a iluminação de dentro para fora.

Seja qual for o conceito com o qual nos identificamos, acessar o que somos, mergulhar em nossa própria essência e perceber a presença divina em cada detalhe que nos constitui é sentir a nossa natureza mais íntima.

É poder desfazer ilusões e dependências, adentrando o templo interno.

É promover o desapego, libertando-nos do desejo de conduzir e sermos conduzidos, permitindo que a liberdade responsável e amorosa seja a nossa bússola.

É estabelecer relação direta com a divindade que nos constitui, sem intermediários, respeitando, porém, toda forma de mediação e todo mediador.

Pensando, sentindo e vivendo assim, podemos beber em uma fonte de água pura. Podemos encontrar um oásis interno cheio de belezas no deserto das nossas crises e incompreensões. Podemos nos abraçar diminuindo carências, despertando um sorriso profundo e grato, cheio de alegria e paz.

**Viver consciente – e como uma consciência – é romper com o cárcere da culpa, do automatismo, da pressa...**

**E é descobrir que toda a beleza que há em nós pode e deve ser ampliada, sentida e compartilhada quando trilhamos os caminhos do autoamor e da compaixão.**

*Cultivo 30*

Você já ouviu falar no compositor norte-americano John Cage? Ele ficou célebre pela composição da peça 4'33". Convidamos você a conhecê-la e a notar como se sente durante a sua execução e depois dela.

Para realizar esta atividade, basta fazer a busca pelo nome do compositor e de sua composição na internet. Você encontrará vídeos no YouTube, por exemplo. IMPORTANTE: Não leia nada sobre ela antes vê-la. Entregue-se inteiramente à experiência!

Depois, se quiser, escreva a seguir como se sentiu (e não suas apreciações) durante a escuta.

Esse exercício de escuta não reativa nos oferece a oportunidade de ressignificar a percepção do silêncio em nós.

## Capítulo 31
# O tempo

*Há um momento para tudo e um tempo para todo propósito debaixo do céu.*
**ECLESIASTES, 3:1**

**O** tempo estabelece seu próprio curso sem que possamos deter-lhe a marcha.

Modifica paisagens.

Coloca rugas nos rostos.

Embranquece cabelos.

Enriquece-nos de experiências.

Germina sementes.

Faz surgir flores em frinchas.

Acalma tempestades.

Asserena os mares.

Transforma crianças em adultos.

Aprimora o sabor dos vinhos.

Propicia colheitas.

Amadurece corações.

Infunde saudades.

Nada melhor do que o tempo para reparar enganos, permitir encontros e desfazer desencontros.

Sábio, ele se encarrega de nos aproximar das coisas essenciais, distanciando-nos das passageiras e das de pequena importância.

Sempre relativo à localização de cada um, serve-nos de parâmetro para ir, vir ou estar em algum lugar.

Assemelha-se a um imenso campo, do qual dependemos para sobreviver. Tudo que fazemos na vida são sementes que depositamos por toda a sua extensão. São futuras colheitas que chegarão na sucessão dos amanhãs.

Se empregado para o bem, para a vivência dos valores nobres da vida, converte-se em precioso tesouro de paz e harmonia.

Ele cria as condições favoráveis e nos indica o melhor caminho para alcançarmos o que tanto desejamos.

O tempo nunca foi um inimigo; foi sempre um aliado, uma dádiva muitas vezes incompreendida.

Aproveitemos o tempo como quem sorve uma bebida salutar, como quem contempla um pôr do sol, como quem medita e sente paz, como quem reparte e se encanta com a luz do sorriso alheio.

**Façamos algo de bom, útil e belo, mas sem reclamar do tempo perdido, daquilo que vivemos e do tempo que ainda não chegou...**

**Sempre é tempo de escrever e reescrever a nossa história com alegria, reconhecimento e gratidão.**

**Imensas possibilidades estão nas minhas, nas suas, nas nossas mãos.**

**Tempo, tempo, tempo...**

206 • 207

*Cultivo 31*

Quem você era há 10 ou 15 anos?

Procure anotar no quadro a seguir as preferências e os costumes que tinha naquela época e os que tem nos dias de hoje. Nesta atividade, a intenção não é apenas comparar o "você de ontem" com o "você de hoje", mas notar as possíveis mudanças que provavelmente aconteceram em decorrência de novas escolhas feitas durante o período.

Aproveite esta atividade para avaliar se gostaria de voltar a cultivar alguns dos hábitos passados caso eles ainda tenham valor e pertinência para você atualmente!

| NO PASSADO... | NOS DIAS DE HOJE... |
| --- | --- |
| Qual era a sua comida preferida? | Qual é a sua comida preferida? |
| Com quem você mais conversava? | Com quem você mais conversa? |
| Como você usava os cabelos? | Como você usa os cabelos? |
| O que você mais gostava de fazer? | O que você mais gosta de fazer? |
| Qual era a sua atividade profissional? | Qual é a sua atividade profissional? |
| Quanto você pesava? | Quanto você pesa? |
| Quais eram as suas principais leituras? | Quais são as suas principais leituras? |
| Como costumava lidar com situações imprevistas? | Como costuma lidar com situações imprevistas? |

# Capítulo 32
## Você já se converteu?

*Arrependei-vos, pois, e convertei-vos, a fim de que sejam apagados os vossos pecados, e deste modo venham da face do Senhor os tempos do refrigério.*
**ATOS, 3:19-20**

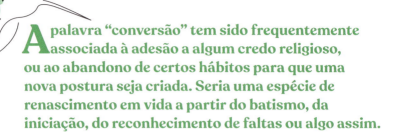

A palavra "conversão" tem sido frequentemente associada à adesão a algum credo religioso, ou ao abandono de certos hábitos para que uma nova postura seja criada. Seria uma espécie de renascimento em vida a partir do batismo, da iniciação, do reconhecimento de faltas ou algo assim.

Jesus e as grandes almas iluminadas que passaram pela Terra nos convidam ao arrependimento sempre que necessário, assim como à conversão. Ambos são ações capazes de nos conferir harmonia e paz, despertando-nos para novos sentidos, novos caminhos...

Na língua hebraica, conversão vem de *teshuvá*, que significa voltar para si mesmo, para a sua terra; voltar daquilo que é contrário à sua natureza, ou seja, para o que nos constitui, para a nossa verdadeira essência. As religiões, em geral, promovem mediação e nos oferecem ensinamentos e práticas que ajudam nesse processo, mas nada impede que o promovamos independentemente delas e de quaisquer mediadores.

Quando decidimos ter um cuidado maior conosco, com os outros e com a natureza, buscando ampliar a empatia, tornando-nos atentos ao que pensamos, falamos e fazemos, perguntando-nos sobre o nosso papel no mundo, começamos a nos "converter".

O estado de conversão é, na verdade, um estado progressivo de ampliação de consciência, um despertar para novas realidades, um investimento em potencialidades adormecidas em que razão e sentimento se entrelaçam em um formoso e delicado abraço, como aquele que a terra oferece à chuva e o céu realiza com o mar.

A conversão não é instantânea e, até quando parece súbita, decorre de buscas, perguntas e inquietudes que já estavam conosco, à semelhança de uma criança que "de repente" começa a andar. Na verdade, é um processo cotidiano em que gradativamente estreitamos laços conosco, conhecendo-nos, aceitando-nos, amando-nos e iluminando-nos.

Com essa conversão, tornamo-nos mais generosos com os demais, compreendemos e perdoamos com mais facilidade, identificamos mais sentido na vida e percebemos a "grande teia" que nos conecta uns aos outros. Entendemos que culpas, ressentimentos e autocríticas excessivas nos paralisam, impedindo o aflorar de virtudes latentes no solo do nosso coração, como sementes poderosas e fecundas, aguardando a água, a luz e o adubo da vontade para germinarem e se desenvolverem.

É um abrir de olhos da alma.

**Convertidos, o amor passa a ser um sol que nos ilumina e aquece, e a paz interior se torna o indicativo de que estamos no caminho certo.**

**Perdemos a necessidade de sermos reconhecidos e ganhamos a percepção de que uma presença maior, bela e divina, encontra-se manifestada por toda parte.**

**Silenciamos e ouvimos todas as vozes para as quais estávamos surdos e distraídos, especialmente a mais doce e imprescindível: a voz de nosso próprio coração!**

**Então, você quer se converter?**

*Cultivo 32*

Como você se sente após a leitura do texto "Você já se converteu?"? Ele despertou mais pensamentos e reflexões ou mais sentimentos e emoções? Você é capaz de fazer a distinção entre essas reações?

Independentemente de sua reação, procure manter a observação e acolha suas impressões por mais tempo antes de prosseguir a leitura do livro ou de se levantar para fazer outra coisa.

Apenas observe, reconheça e acolha um pouco mais...

Se desejar registrar suas impressões depois, anote-as a seguir.

Ser capaz de perceber se o impacto de uma leitura (ou da exposição a outro conteúdo ou a uma situação) é mais mental ou emocional é saber olhar para si mesmo de forma um pouco mais profunda. Ser capaz de se manter por instantes nesse estado de auto-observação é refinar esse olhar de autoconsciência.

## Capítulo 33
## Separações

*Não penseis que vim trazer a paz à terra.
Não vim trazer paz, mas espada.*
**MATEUS, 10:34**

**A**prender a "separar" é algo importante quando queremos crescer e amadurecer.

Se desejamos mais serenidade, precisamos separar com clareza o que podemos do que não podemos controlar.

Na natureza, encontramos vários exemplos de separação: o fruto cumpre sua função separado da árvore que o produziu; o néctar só é transformado em mel quando separado da flor que o gera; a água que jorra pela fonte somente atinge o mar ao se distanciar do local em que surgiu; o pássaro, para voar, precisa se separar do ninho acolhedor em que cresceu; os filhos precisam partir em busca de suas conquistas, e os pais, um dia, estarão separados fisicamente de sua prole; as pedras preciosas são separadas dos cascalhos e impurezas; dentes de leite, importantes e provisórios, são separados da boca para darem lugar a outros que nos acompanharão na vida adulta; hortaliças e legumes são separados da terra para nos alimentar.

Jesus afirmou ter vindo para promover algumas separações, pois a sua mensagem não foi – e não é – uma proposta de acomodação e autoanulação.

Na vida há instantes para aproximar o que estava distante. Há também outros instantes, em que precisamos desfazer a fusão ou simbiose na qual nos encontramos.

Somos individualidades e, como tal, nascemos e assim "morreremos". Somos parte de um todo, uma coletividade, e estamos interconectados, mas seguimos sendo pessoas singulares, únicas.

Separar também tem o sentido de ser justo em uma análise, como: separar coisas boas e ruins; momentos agradáveis daqueles que desejamos esquecer etc.

**Separe o que é preciso e lute por aquilo que acredite valer a pena, mas também aceite o que for inevitável quando não houver alternativa.**

**Por fim, lembre-se de separar alguns minutos para ler, orar, praticar exercício, contemplar o belo, meditar e estar com aqueles que lhe fazem bem.**

## Cultivo 33

Você já criou um acróstico alguma vez em sua vida?

"Acróstico" é uma poesia em que as primeiras letras (às vezes, as do meio ou do fim) de cada verso formam, em sentido vertical, um ou mais nomes ou um conceito, uma máxima etc.

Que tal se aventurar agora a criar um acróstico com a palavra SEPARAÇÕES?

Sinta-se livre para criar um verso ou escrever uma única palavra, se preferir. Você pode pensar um pouco na finalidade do que escreve, na mensagem que deseja transmitir.

Respire fundo, pegue seu lápis e deixe fluir!

# SEPARAÇÕES

A expressão criativa é sempre um canal para o fluxo daquilo que vive em nosso interior, e pode desentranhar conteúdos internos que podem contribuir fortemente para o nosso processo de autodescobrimento.

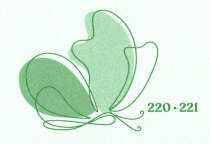

*Capítulo 34*
## Olhos de girassóis

*A lâmpada do corpo é o olho. Portanto, se teu olho estiver são, todo o teu corpo ficará iluminado.*
**MATEUS, 6:22**

**O** poeta português Fernando Pessoa, em um dos belos poemas de Alberto Caeiro (um de seus heterônimos), diz ter "olhos de girassóis".

Diremos, à nossa maneira, que tais olhos são olhos curiosos, atentos, voltados sempre para a luz e para os demais girassóis.

São olhos que buscam e descobrem, que desejam saber para crescer. Eles não se rendem ao óbvio, e não concordam com lógicas que não convencem. Vão ao passado para entender o presente, e não aceitam mordaças nem vendas que impeçam a visão.

São olhos com asas, que querem voar com liberdade para observar, comparar e investigar.

Esses olhos não são apenas buscadores de razão e informação, são olhos ávidos por saberes esquecidos e, às vezes, até ocultados.

Os olhos de girassol pensam "fora da caixinha" e vivem, muitas vezes, como "pontos fora da curva". Eles unem política e espiritualidade, sonho e realidade.

Além disso, costuram diálogos entre "tribos" diferentes. São construtores de consensos, mediadores de conflitos, respeitadores de dissensos e arquitetos de futuros.

Não enxergam religião, mas religiosidade; não classificam pessoas por padrões, mas olham os seres humanos para além dos rótulos.

Esses olhos sempre afirmam "que o rei está nu". Não se conformam, não se vendem e não se rendem.

São lavradores de consciências, e forjam no fogo das reflexões que promovem e na conduta que adotam as transformações que as sociedades precisam. Mostram a manipulação e denunciam manobras e tentativas de controle – político, religioso e econômico – por intermédio de livros, jornais e meios digitais.

Mesmo que sofram de miopia, hipermetropia, daltonismo e até de astigmatismo e estrabismo, enxergam de perto, de longe, pelos lados, por fora e por dentro, pois são olhos de girassóis, são olhos da alma com alma.

Graças a eles, as culturas dominantes não conseguem lobotomizar os povos do planeta e podemos ter esperança no raiar de uma nova aurora.

**Olhos de girassóis são sentinelas vivos e atentos. São como faróis que iluminam as embarcações nas noites tempestuosas com mar revolto.**

**Plantemos e cultivemos mais girassóis!**

**Tenhamos olhos de girassóis!**

**Ainda dá tempo...**

## Cultivo 34

Para plantar e cultivar algo com consciência, precisamos ter clareza das intenções que nos movem. Do contrário, agimos em pleno automatismo.

Sugerimos a você a seguinte experiência: escolha uma ou mais atitudes que você tenha tido em situações no dia de hoje ou na semana em curso. Depois de escolher, veja se é capaz de responder facilmente para si mesmo qual foi a intenção que motivou você a fazer (ou dizer) tal coisa.

E, lembre-se: julgar a intenção não faz parte de nosso exercício. Cabe a você nessa proposta notar o quanto pode ser capaz de ver com clareza ou não as suas próprias intenções.

**EPISÓDIO 1**

**INTENÇÃO**

**EPISÓDIO 2**

**INTENÇÃO**

O exercício frequente de reconhecimento de nossas intenções pode ser poderoso e educativo, fazendo com que as nossas próximas atitudes sejam mais conscientes e autênticas.

## Capítulo 35
## Aceitação

*Disse, então, Maria: "Eu sou a serva do Senhor; faça-se em mim segundo tua palavra!" E o anjo a deixou.*
**LUCAS, 1:38**

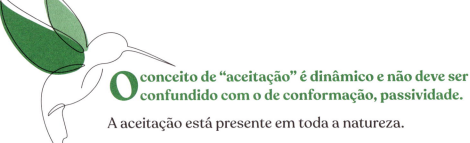

O conceito de "aceitação" é dinâmico e não deve ser confundido com o de conformação, passividade.

A aceitação está presente em toda a natureza.

O mar aceita o desaguar dos rios.

A terra, diariamente, aceita a luz e o calor do sol.

A relva aceita o orvalho noturno que a faz brilhar como um diamante.

A flor aceita que seu néctar seja retirado pela borboleta.

A lagarta aceita o casulo a fim de poder voar após a transformação.

A terra aceita a germinação da semente.

As árvores aceitam o desprender de suas folhas.

O céu aceita as nuvens.

A montanha aceita a neve.

O ouvido aceita o registro dos sons.

O olho aceita as cores

A língua aceita os sabores.

Os peixes aceitam a água; os pássaros, os ares; e as estrelas, viver no infinito.

Aceitar é entender e cumprir o nosso papel no concerto universal, distinguindo o que é preciso aguardar daquilo que pode ser mudado.

É também abraçar o progresso que nos convida a avançar.

É não criar maiores aflições, além daquelas inevitáveis diante de dilemas, pessoas, pensamentos e sentimentos que nos acompanham.

É também sempre respeitar o tempo do outro.

É não litigar, desnecessariamente, mas lutar e se envolver com causas que importem ao coração e ajudem o mundo a melhorar.

É seguir o fluxo que há na própria vida, chorando, sorrindo, experimentando dores e delícias, alegrias e tristezas, fome e saciedade, encontros e ausências, solidão e solitude, colo e desproteção, conhecimento e ignorância, carência e fartura, frio e calor, vitórias e derrotas.

É admitir que não estamos no controle todo o tempo.

É ser *gente* com todas as fragilidades e forças de um ser humano.

**Só é capaz de aceitação quem ultrapassou minimamente os limites da razão e da lógica linear e avançou para o sentimento, a meditação, o amor e a compaixão, fazendo desabrochar, pouco a pouco, a sua própria sabedoria interior.**

## Cultivo 35

O que você tem – ou já teve – mais dificuldade em aceitar em si mesmo?

O que faz – ou já fez – para trabalhar melhor a aceitação de quem você é?

O que você pensava que "aceitar" significava antes da leitura do texto? E o que pensa agora sobre esse conceito?

De acordo com o psicólogo norte-americano Carl Rogers, assim que conseguimos trabalhar a aceitação de nós mesmos, começamos a encontrar forças e recursos para mudarmos. Aparentemente, trata-se de um paradoxo que, ao ser entendido, produz a transformação que tanto desejamos.

Cultive-se

© 2024 by EDITORA INTERVIDAS

**DIRETOR GERAL**
Ricardo Pinfildi

**DIRETOR EDITORIAL**
Ary Dourado

**ASSISTENTE EDITORIAL**
Thiago Barbosa

**CONSELHO EDITORIAL**
Ary Dourado, Ricardo Pinfildi, Rubens Silvestre, Thiago Barbosa

**DIREITOS DE EDIÇÃO**

Editora InterVidas [Organizações Candeia Ltda.]
CNPJ 03 784 317/0001–54   IE 260 136 150 118
Rua Minas Gerais, 1520  Vila Rodrigues
15 801–280  Catanduva  SP
17 3524 9801   www.intervidas.com

## DADOS INTERNACIONAIS DE CATALOGAÇÃO NA PUBLICAÇÃO [CIP BRASIL]

S1321c

**SAID, Cezar** [1968–]
*Cultive-se*
Cezar Braga Said, Sylvia Vianna Said
Catanduva, SP: InterVidas, 2024

240 p. ; 15,7 × 22,5 × 1,3 cm ; il.

**ISBN 978 85 60960 38 5**

1. Autoconhecimento   2. Desenvolvimento pessoal
3. Comportamento   4. Reflexões   5. Psicologia Aplicada
I. Said, Cezar [1968–]   II. Título

CDD 158.1    CDU 159.94

---

ÍNDICE PARA CATÁLOGO SISTEMÁTICO

1. Autoconhecimento : Desenvolvimento pessoal :
Comportamento : Reflexões : Psicologia Aplicada    158.1

---

EDIÇÕES

INTERVIDAS
1.ª ed., Out/2024, 3 mil exs.

---

Impresso no Brasil   *Printed in Brazil   Presita en Brazilo*

**TÍTULO**
*Cultive-se*

**AUTORIA**
Cezar Said e Sylvia Said

**EDIÇÃO**
1.ª edição

**EDITORA**
InterVidas
[Catanduva, SP]

**ISBN**
978 85 60960 38 5

**PÁGINAS**
240

**TAMANHO MIOLO**
15,5 × 22,5 cm

**TAMANHO CAPA**
15,7 × 22,5 × 1,3 cm
[orelhas 9 cm]

**CAPA**
Ary Dourado

**REVISÃO**
Beatriz Rocha

**PROJETO GRÁFICO
& DIAGRAMAÇÃO**
Ary Dourado

**TIPOGRAFIA CAPA**
(Positype) Flirt Script Regular
(Latinotype) Branding
[SemiLightItalic, MediumItalic,
SemiBoldItalic]

**TIPOGRAFIA TEXTO PRINCIPAL**
(Latinotype) Ltt Recoleta
[Medium, Bold] 11,2/14
(ParaType) Cooper
[Medium Italic, Bold Italic] 10,5/14

**TIPOGRAFIA ATIVIDADE TEXTO**
(Latinotype) Branding
SemiBold 11,5/14

**TIPOGRAFIA ATIVIDADE
INTERTÍTULO**
(Latinotype) Branding Bold 10,5/14

**TIPOGRAFIA ATIVIDADE ITEM**
(Latinotype) Branding Bold 10,5/14

**TIPOGRAFIA ATIVIDADE VERSO**
(Latinotype) Branding
BoldItalic 10,5/14

**TIPOGRAFIA ATIVIDADE CITAÇÃO**
(Latinotype) Branding
BoldItalic 10,5/14

**TIPOGRAFIA TABELA TEXTO**
(Latinotype) Branding Bold 9,5/12

**TIPOGRAFIA TABELA TÍTULO**
(Latinotype) Branding
[Bold, SemiBold] 9,5/12

**TIPOGRAFIA EPÍGRAFE**
(Latinotype) Branding
[SemiBoldItalic, Bold]
[13,2/16; 9,5/14]

**TIPOGRAFIA TÍTULO**
(Positype) Flirt Script Regular
[24/32; 42/42; 60/60]

**TIPOGRAFIA COLOFÃO & DADOS**
(Latinotype) Branding
[Medium, SemiBold] [9; 8]/12

**TIPOGRAFIA FÓLIO**
(Latinotype) Ltt Recoleta
Bold 9,5/14

**MANCHA**
103,3 x 175 mm 35 linhas
[sem fólio]

**MARGENS**
par: 17,2 : 25 : 34,4 : 25 mm
ímpar: 25,8 : 25 : 25,8 : 25 mm
[interna : superior : externa : inferior]

**COMPOSIÇÃO**
Adobe InDesign CC 19.5
[macOS Sequoia 15.0]

**PAPEL MIOLO**
ofsete Sylvamo
Chambril Book 75 g/m²

**PAPEL CAPA**
cartão Ningbo Fold C1S 300 g/m²

**CORES MIOLO**
2 × 2: Preto escala e Pantone 2426 U

**CORES CAPA**
4 × 1: CMYK × Pantone 2426 U

**TINTA MIOLO**
Sun Chemical SunLit Diamond

**TINTA CAPA**
Sun Chemical SunLit Diamond

**PRÉ-IMPRESSÃO CTP**
Kodak Trendsetter 800 Platesetter

**PROVAS MIOLO**
Epson SureColor P6000

**PROVAS CAPA**
Epson SureColor P6000

**IMPRESSÃO**
processo ofsete

**IMPRESSÃO MIOLO**
Komori Lithrone S40P
Komori Lithrone LS40
Heidelberg Speedmaster SM 102-2

**IMPRESSÃO CAPA**
Heidelberg Speedmaster XL 75

**ACABAMENTO MIOLO**
cadernos de 32 e 16 pp.,
costurados e colados

**ACABAMENTO CAPA**
brochura com orelhas,
laminação BOPP fosco,
verniz UV brilho com reserva

**PRÉ-IMPRESSOR**
Gráfica Santa Marta
[São Bernardo do Campo, SP]

**IMPRESSOR**
Gráfica Santa Marta
[São Bernardo do Campo, SP]

**TIRAGEM**
3 mil exemplares

**PRODUÇÃO**
outubro de 2024

 intervidas.com    intervidas    editoraintervidas

Ótimos livros podem mudar o mundo.
Livros impressos em papel certificado FSC® de fato o mudam.